D1724532

Zeichen setzen – regional und international

100 Jahre Deutsche Bank im Südwesten

Martin L. Müller

Zeichen setzen – regional und international

100 Jahre Deutsche Bank im Südwesten

herausgegeben von der
Historischen Gesellschaft
der Deutschen Bank e.V.

HERDER

FREIBURG · BASEL · WIEN

Inhalt

Vorwort

Liebe Leserinnen und Leser,

vor 100 Jahren schloss die Deutsche Bank eine bedeutende Lücke in ihrem inländischen Niederlassungsnetz. Durch die Übernahme der Württembergischen Vereinsbank in Stuttgart, der die Aktionäre der Regionalbank am 18. Dezember 1924 zustimmten, war sie erstmals unter eigenem Namen im Südwesten Deutschlands vertreten. Fünf Jahre später kamen mit der Rheinischen Creditbank und der Süddeutschen Disconto-Gesellschaft noch zwei Mannheimer Institute hinzu, die der Deutschen Bank auch eine starke Präsenz in Baden sicherten.

Die Beziehungen zwischen unserer Bank und der Wirtschaft des Südwestens sind traditionell sehr eng. Investoren aus Stuttgart, Mannheim und Karlsruhe beteiligten sich an der Gründung der Deutschen Bank mit rund sieben Prozent ihres Grundkapitals. Umgekehrt pflegte die Bank engen Kontakt zu den an Rhein und Neckar tätigen Regionalbanken und zu der sich dort entwickelnden Industrie, der wir im In- und Ausland mit unserer Kapitalmarktkompetenz und unserem Netzwerk zur Seite standen. Mit der Übernahme der Württembergischen Vereinsbank haben wir die Verbindungen zu Industriekunden noch verstärkt. Viele davon bestehen bis heute. Zahlreiche Unternehmen aus unterschiedlichen Branchen sind in den vergangenen Jahrzehnten mit unserer Unterstützung aus bescheidenen Anfängen zu weltweiten Marktführern gereift.

Zentral ist zweifellos die Automobil- und Zulieferindustrie. Bis ins Jahr 1899 gehen die Beziehungen zu dem Erfinder des Autos und seiner Firma Benz & Cie. zurück. Ein Vierteljahrhundert später war die Deutsche Bank treibende Kraft der Fusion zwischen Daimler in Stuttgart und

Benz in Mannheim. Und bis zum heutigen Tag dienen wir der Mercedes-Benz Group als Hausbank in aller Welt, mit unserem globalen Netzwerk und unserer Expertise vor Ort.

Besondere Bedeutung im Südwesten hatten die Beziehungen zu jüdischen Kunden und die Tätigkeit jüdischer Mitarbeiterinnen und Mitarbeiter für die Bank. Der NS-Staat bereitete diesen engen Verbindungen ein jähes Ende. Für uns ist dies Mahnung und Verpflichtung zugleich, uns intensiv mit unserer eigenen Vergangenheit in dieser Epoche auseinanderzusetzen, was auch Teil dieses Buches ist.

In den Nachkriegsjahrzehnten ergänzte die Bank das erfolgreiche Firmenkundengeschäft im Südwesten durch ein breites Angebot für private Kundinnen und Kunden. Ein neues Filialkonzept, das in den 1970er-Jahren Form und Inhalt des Privatkundengeschäfts grundlegend erneuerte, wurde in der Mannheimer Niederlassung erprobt und hielt unter dem Namen „Mannheimer Modell" bald flächendeckend

Einzug. Es ist unser unveränderter Anspruch, unseren Privatkunden mit den Marken Deutsche Bank und Postbank als Marktführer in Deutschland hochwertige Finanzdienstleistungen aus einer Hand anzubieten.

Seit einem Jahrhundert ist die Deutsche Bank Partner für eine starke Wirtschaft im Südwesten. Wir sind dankbar für das Vertrauen und die Treue unserer Kunden über die Jahrzehnte hinweg. Gemeinsam haben wir Zeichen gesetzt – und diesen Weg wollen wir fortsetzen. Der langfristige Erfolg und die finanzielle Sicherheit unserer Kunden ist unsere Verpflichtung. Zuhause in der Region und in der Welt.

Ihr
Christian Sewing

Vorsitzender des Vorstands
Deutsche Bank AG

eins

Die Deutsche Bank kommt in den Südwesten Deutschlands, 1924 – 1929

1. Der Zusammenschluss mit der Württembergischen Vereinsbank, 1924

Siegelmarke der Württembergischen Vereinsbank, Filiale der Deutschen Bank in Stuttgart, aus den Jahren 1924–1929.

Ende 1924 war die Deutsche Bank erstmals unter eigenem Namen im Südwesten Deutschlands vertreten. Sie erreichte dies durch die Fusion mit der Württembergischen Vereinsbank, einer etablierten Regionalbank, die ihren Hauptsitz in Stuttgart und zahlreiche Filialen in Württemberg hatte.

Den Plan dazu hatte die Deutsche Bank, deren Geschäft in den ersten Jahrzehnten auf den Hauptsitz in Berlin und wenige Außenhandelsfilialen konzentriert war, bereits seit längerer Zeit verfolgt. Er war Teil ihrer ab dem Ersten Weltkrieg entwickelten Strategie, ein flächendeckendes Filialnetz in ganz Deutschland aufzubauen. Verfügte die Berliner Großbank noch Anfang 1914 über nur 14 Inlandsniederlassungen, so wuchs mit der Eingliederung der Württembergischen Vereinsbank die Zahl der Filialen auf 168 an.

Schon 1920, als die Deutsche Bank erfolgreich mit der Hannoverschen Bank über einen Zusammenschluss verhandelte, liefen auch erste Fusionsgespräche mit der Württembergischen Vereinsbank. Eine eigens eingesetzte Kommission sollte die Frage eines engeren Anschlusses der Württembergischen Vereinsbank an die Deutsche Bank erörtern. Die Sitzungen dieser Kommission endeten jedoch ohne konkretes Ergebnis.

Während die Hannoversche Bank und ihre Filialen unmittelbar in das Filialnetz der Deutschen Bank eingegliedert wurden, war man in Berlin im

Die Zentrale der Deutschen Bank in Berlin, Mitte der 1920er-Jahre.

Emil Georg von Stauß, Vorstandsmitglied der Deutschen Bank von 1915 bis 1932 und Architekt der Eingliederung der Württembergischen Vereinsbank in die Deutsche Bank.

Fall der Württembergischen Vereinsbank zu dem Zugeständnis bereit, sie als eigenes Institut weiter bestehen zu lassen. Damit trug man der Kritik württembergischer Wirtschaftskreise an den Fusionsplänen Rechnung. Schon als diese bekannt wurden, hatte die *Frankfurter Zeitung* berichtet, dass „in württembergischen Handels- und Industriekreisen gegen den Plan lebhafter Widerspruch geltend" gemacht werde. Weiter hieß es: „Auch innerhalb der Verwaltung und der sonstigen nächstbetroffenen Kreise der Württembergischen Vereinsbank soll angeblich eine starke Stimmung gegen die Fusion bestehen. Ob unter diesen Umständen der Fusionsplan sich tatsächlich verwirklichen wird, scheint noch ungewiss."[1]

Emil Georg von Stauß, Vorstandsmitglied der Deutschen Bank, der die Verhandlungen führte, nutzte die guten Beziehungen der Vergangenheit jedoch geschickt aus. Er wies darauf hin, dass die Deutsche Bank, obwohl sie drei Niederlassungen in Bayern unterhalte, ihre dortigen Großprojekte – die Stickstoff-Werke, die in den Kriegsjahren errichteten Krupp-Rüstungsanlagen und die Donau-Schifffahrtsgesellschaft „Bayerischer Lloyd" – von Berlin aus abgewickelt habe. Dagegen sei die Bank überzeugt, dass in Stuttgart die Württembergische Vereinsbank die Möglichkeit biete, mehr auf lokaler Ebene tätig zu werden. Stauß gab offen zu, dass die Konkurrenz durch die Disconto-Gesellschaft, dem wichtigsten Wettbewerber unter den Großbanken, die gerade das bedeutende Bankhaus Stahl & Federer in Stuttgart übernommen hatte, das eigene Haus in eine „missliche Lage" gebracht habe, „denn es wäre für die Deutsche Bank nicht bequem und nützlich, Zuschauer zu sein bei der Gestaltung direkter Beziehungen der Disconto-Gesellschaft zu dem gesamten Wirtschaftsleben Württembergs, und es wäre auch zu befürchten, dass die Württembergische Vereinsbank durch die Kapitalkraft der jetzt in Stuttgart vertretenen vier Berliner Großbanken ins Hintertreffen kommen könnte"[2].

Stauß schlug vier mögliche Modelle einer Integration der beiden Banken vor: die Bildung einer Interessengemeinschaft, die Fusion, die Übernahme eines großen Aktienpakets der Württembergischen Vereinsbank durch die Deutsche Bank und einen Aktientausch. Interessengemeinschaften hatten sich nach Stauß' Einschätzung im Bankwesen nicht bewährt – eine Meinung, die seine Kollegen von der Württembergischen Vereinsbank teilten. Aus seiner persönlichen Präferenz für eine Fusion machte Stauß keinen Hehl.

Um Befürchtungen in Stuttgart hinsichtlich einer künftig allzu engen Gängelung durch Berlin zu zerstreuen, betonte Stauß, welchen großen Wert die Deutsche Bank auf die Eigenverantwortlichkeit ihrer Filialleiter lege. Er wies darauf hin, dass selbst in Berlin der Vorstand nur an einem Nachmittag pro Woche zusammentrete und versuche, die „Bevormundung" auf ein Minimum zu reduzieren und zeitraubende Sitzungen zu vermeiden. Dennoch gelang es Stauß zu diesem Zeitpunkt nicht, die Leitung der Württembergischen Vereinsbank für eine Fusion zu gewinnen. Beide Seiten einigten sich zunächst auf einen Aktientausch.

Jedem Besitzer von nominal 2.400 Mark Aktien der Württembergischen Vereinsbank wurde freigestellt, seine Aktien gegen nominal 1.200 Mark Aktien der Deutschen Bank umzutauschen. Offensichtlich machten die Aktionäre

der Württembergischen Vereinsbank von dem Umtauschangebot regen Gebrauch, denn die Beteiligung der Deutschen Bank an der Vereinsbank, die 1912 mit rund 1,2 Millionen Mark von insgesamt 40 Millionen Mark Aktienkapital nicht mehr als 3 Prozent betrug, steigerte sich bei unverändertem Eigenkapital der Vereinsbank auf rund 20 Millionen Mark.

Die Deutsche Bank musste sich zudem verpflichten, während der nächsten zehn Jahre ohne Zustimmung der Württembergischen Vereinsbank keine Fusion zu betreiben und Veränderungen im Vorstand und Aufsichtsrat der Vereinsbank nur im gegenseitigen Einvernehmen vorzunehmen. Dennoch war klar, dass nun der Weg für eine Fusion geebnet war.

Nachdem es der Württembergischen Vereinsbank während des Ersten Weltkriegs nicht möglich gewesen war, ihre Eigenmittel dem beträchtlich gestiegenen Kreditbedarf und den Einlagen anzupassen, wurde eine Kapitalerhöhung immer dringlicher, zumal die Einlagen inflationsbedingt weiter anstiegen. Mit der Erhöhung ihres Aktienkapitals von 40 Millionen auf 100 Millionen Mark konnte die Württembergische Vereinsbank die Relation von Eigen- zu Fremdmitteln jedoch nur kurzfristig verbessern. Angesichts der durch die Geldentwertung anwachsenden Kundeneinlagen war jeder Versuch in diese Richtung zum Scheitern verurteilt.

Ferdinand Bausback, Vorstandsmitglied der Württembergischen Vereinsbank von 1920 bis 1924, war der Verhandlungspartner der Deutschen Bank bei den Fusionsgesprächen. Von 1903 bis 1920 hatte er in der Berliner Zentrale und in verschiedenen Filialen der Deutschen Bank gearbeitet.

Die Emission der neuen Aktien über 60 Millionen Mark lag vollständig in den Händen der Deutschen Bank, die neue Aktien über rund 47 Millionen Mark ins eigene Portefeuille übernahm. Dadurch konnte sie ihren Gesamtbestand an Württembergischen-Vereinsbank-Aktien auf fast 76 Millionen Mark oder rund drei Viertel des Gesamtkapitals erhöhen.

Weitere Bewegung kam in die Sache, als im Oktober 1922 Ferdinand Bausback, Vorstandsmitglied der Württembergischen Vereinsbank, an die Deutsche Bank herantrat, um die Fusion zwischen der Württembergischen Vereinsbank und der ebenfalls in Stuttgart ansässigen Württembergischen Bankanstalt, vorm. Pflaum & Co., vorzuschlagen. Das Kapital der Bankanstalt war in zwei Schritten Ende 1920 und Anfang 1922 von 10 Millionen auf 40 Millionen Mark erhöht worden. Die Kapitalerhöhung von 1922 hatte u. a. dazu gedient, die Königlich Württembergische Hofbank der Bankanstalt anzugliedern, die das Geschäft der Hofbank als Abteilung der Bankanstalt in den bisherigen Geschäftsräumen weiterführte.

Gleichzeitig mit der Fusion sollte eine Kapitalerhöhung der Württembergischen Vereinsbank um 100 Millionen auf insgesamt 200 Millionen Mark durchgeführt werden. Die Zustimmung der Deutschen Bank zu der geplanten Kapitalerhöhung erfolgte prompt. Die Fusion zwischen der Württembergischen Vereinsbank und der Württembergischen Bankanstalt trat daraufhin am 1. Januar 1923 in Kraft. Die Bankanstalt wurde seitdem als Abteilung der Vereinsbank geführt.

Durch die neuerliche Kapitalerhöhung der Vereinsbank hatten sich auch die Beteiligungsverhältnisse ihres Hauptaktionärs verändert. Von den neu emittierten Aktien übernahm die Deutsche Bank rund 40 Millionen. Dadurch erhöhte sich ihr Gesamtbestand an Vereinsbank-Aktien auf rund 118 Millionen Mark. Ihre Beteiligungsquote war damit zwar von über 75 Prozent auf rund 59 Prozent gesunken, sie wurde aber von der Deutschen Bank noch immer als ausreichend betrachtet.

1000-Mark-Aktie der Deutschen Bank von 1923, die nach der Währungsstabilisierung
1924 auf 100 Reichsmark umgestellt wurde. Aktionäre der Württembergischen Vereinsbank erhielten Deutsche-Bank-Aktien im Verhältnis 4 : 1.

Die Strategie der Deutschen Bank, die Württembergische Vereinsbank nicht zur Fusion zu drängen, zugleich aber die Verbindung durch die Erhöhung der Kapitalbeteiligung zu stärken, machte sich schließlich bezahlt. Ende 1924 waren alle Widerstände ausgeräumt. Otto Fischer, Vorstandsmitglied der Württembergischen Vereinsbank, erläuterte den Aktionären der Bank auf der außerordentlichen Generalversammlung am 18. Dezember 1924 die Motive des Zusammenschlusses. Die Württembergische Vereinsbank war stark angeschlagen aus der Inflation hervorgegangen. In die inflationsbereinigte Goldmark-Bilanz, die nicht mehr erstellt wurde, hätte die Bank nur 8 Millionen Goldmark an Kapital und offenen Reserven einbringen können, die zu mehr als 50 Prozent aus Immobilien bestanden. Zunächst plante die Vereinsbank eine Kapitalerhöhung auf 15 Millionen Goldmark, deren Emission die Deutsche Bank übernehmen wollte. Da aber während des laufenden Geschäftsjahres 1924 die Einlagen bereits wieder von 22 Millionen auf 55 Millionen Goldmark angewachsen waren, hielt die Vereinsbank auch die vorgesehene Kapitalerhöhung für eine unzureichende Eigenkapitalverbesserung und zog stattdessen eine Fusion mit der Deutschen Bank vor.

Mit großer Mehrheit billigte die Generalversammlung die Fusion und den Umtausch der Vereinsbank-Aktien in Deutsche-Bank-Aktien im Verhältnis 4 : 1. Zuvor hatten die beiden Aufsichtsräte am 25. bzw. 26. November 1924 ihre Zustimmung zur Fusion erteilt. Rückwirkend zum 1. Januar 1924 ging das Vermögen der Württembergischen Vereinsbank als Ganzes ohne Liquidation gegen die Gewährung von Aktien auf die Deutsche Bank über. Nach 55 Jahren, in der sich die Bank zum führenden Institut der Region entwickelt hatte, ging sie nun in einer Organisation auf, die dieses Geschäft in ihre nationale und internationale Tätigkeit erfolgreich integrierte. Der Deutschen Bank verhalf die Übernahme der Württembergischen Vereinsbank zu einer hervorragenden Ausgangsposition in Stuttgart und in ganz Württemberg.

2. Die Württembergische Vereinsbank Filiale der Deutschen Bank, 1924–1929

„Württembergische Vereinsbank Filiale der Deutschen Bank" – so lautete die Firmenbezeichnung der Filiale Stuttgart bis zur Fusion der Deutschen Bank mit der Disconto-Gesellschaft im Jahr 1929. Der alte glanzvolle Name blieb also zunächst bestehen. Die Filiale residierte im Gebäude der Vereinsbank in der Friedrichstraße 46/48. Angegliedert waren die Abteilungen „Bankanstalt" und „Hofbank" in der Gymnasiumstraße 3 und in der Königstraße 72. Auch hier pflegte man die Tradition der alten Vorgängerbanken noch eine Weile. Gewahrt wurde zudem die personelle Kontinuität. Die bisherigen Vorstandsmitglieder der Württembergischen Vereinsbank, Ferdinand Bausback, Hermann Koehler, Friedrich W. Kramm und Karl Schneider, führten als Direktoren der Stuttgarter Filiale weiterhin die Geschäfte.

Die Deutsche Bank Filiale Stuttgart in der Friedrichstraße 46–48 im früheren Hauptgebäude der Württembergischen Vereinsbank.

Auf der Basis der Niederlassungen der Württembergischen Vereinsbank errichtete die Deutsche Bank gleichzeitig ein Zweigstellennetz mit 22 Filialen in Württemberg. Neben Stuttgart unterhielt sie jetzt Niederlassungen in Aalen, Cannstatt, Ebingen, Esslingen, Feuerbach, Freudenstadt, Friedrichshafen, Göppingen, Heidenheim, Heilbronn, Ludwigsburg, Mergentheim, Ravensburg, Rottweil, Reutlingen, Schwäbisch Gmünd, Tübingen, Tuttlingen, Ulm und Wangen.

Im September 1925, nach der Liquidierung des Bankhauses G. H. Keller's Söhne, übernahm die Deutsche Bank in Stuttgart die Bankabteilung dieses Instituts in der Tübinger Straße 26–28 und führte sie als „Abteilung Rentenanstalt" weiter. Der Name „Rentenanstalt" ging dabei zurück auf die Allgemeine Rentenanstalt in Stuttgart, die 1921 ihre Bankabteilung auf das Bankhaus Keller's Söhne überführt hatte.

Die 22 Filialen der Württembergischen Vereinsbank, darunter die Niederlassung in Tübingen (oben) und Heilbronn (unten), erweiterten nach 1924 das Filialnetz der Deutschen Bank.

Motormontage bei der Daimler-Motoren-Gesellschaft in Untertürkheim um 1915.

Anzeige des Schwarzwälder Uhrenherstellers Gebrüder Junghans im Katalog für die Pariser Weltausstellung im Jahr 1900.

Die Fusion mit der Württembergischen Vereinsbank versetzte die Deutsche Bank in die Lage, direkteren Einfluss auf die industrielle Entwicklung Württembergs auszuüben. Die Industriekunden der Vereinsbank, wie beispielsweise die Daimler-Motoren-Gesellschaft, Robert Bosch, die Maschinenfabrik Esslingen, die Uhrenfabrik Gebrüder Junghans, die Kammgarnspinnerei Bietigheim, die Hutmanufaktur Mayser, die Württembergische Metallwarenfabrik (WMF), die Zuckerfabrik Stuttgart sowie weitere zahlreiche kleinere und mittlere Betriebe der Maschinenbau-, Textil- und Brauereiindustrie, machten die Deutsche Bank zur bedeutendsten Industriefinanzierungsbank in Württemberg. Die Württembergische Vereinsbank brachte ihr Verbindungen zu Industriekunden, die zum Teil heute noch bestehen. Das Industriegeschäft prägt seit dieser Zeit die Tätigkeit der Bank im Südwesten.

Unter Mitwirkung der Stuttgarter Filiale vollzog sich in den Jahren 1924 bis 1926 die Konsolidierung zweier prominenter deutscher Automobilhersteller, der Daimler-Motoren-Gesellschaft, Stuttgart, und der Benz & Cie. Rheinische Automobil- und Motorenfabrik AG, Mannheim. Beide Firmen waren hoch verschuldet und benötigten eine gründliche Sanierung. Die beiden Hausbanken, die Württembergische Vereinsbank und die Rheinische Creditbank in Mannheim, hatten bisher kein grundlegendes Sanierungskonzept entwickelt. Nach der Fusion mit der Württembergischen Vereinsbank schaltete sich das für Stuttgart zuständige Vorstandsmitglied, Emil Georg von Stauß, ein. Ihm schwebte ein großer Automobiltrust, ähnlich wie General Motors in den Vereinigten Staaten, vor. Eine süddeutsche Gruppe mit Daimler und Benz sollte zunächst den Anfang machen.

Zunächst schlossen Daimler und Benz 1924 einen Interessengemeinschaftsvertrag. Im Aufsichtsrat beider Unternehmen
war die Deutsche Bank jeweils mit Stauß, seinem Vorstandskollegen Carl Michalowsky und dem Stuttgarter Filialdirektor
Ferdinand Bausback gleich mit drei Sitzen vertreten. Vor allem
Bausback arbeitete bei der Sanierung von Daimler-Benz eng
mit Stauß und dem Vorstandsmitglied der Rheinischen Creditbank, Carl Jahr, zusammen.

Es zeigte sich jedoch bald, dass die Form der Interessengemeinschaft nicht geeignet war, größere Summen einzusparen
sowie eine einheitliche Ausrichtung aller Produktionsmittel
und des kaufmännischen Apparats zu erreichen. Nur eine Verschmelzung beider Firmen versprach dauerhaften Erfolg. 1926
fusionierten Daimler und Benz zur Daimler-Benz AG. Stauß
übernahm den Vorsitz im Aufsichtsrat.

Ferdinand Bausback gehörte noch bis 1927 dem Aufsichtsrat
von Daimler-Benz an. Er verließ 1925 die Filialleitung in Stuttgart und ging als Vorstandsmitglied zur UFA nach Berlin, um –
wieder zusammen mit Emil Georg von Stauß – ein hoch ver-
schuldetes Unternehmen zu sanieren. Nach dem Verkauf der
UFA kehrte Bausback als Direktor der Filiale Frankfurt 1927
zur Deutschen Bank zurück, bevor er 1928 als Teilhaber in das
Bankhaus Hugo Oppenheim in Berlin eintrat.

Bausbacks Nachfolger im Aufsichtsrat von Daimler-Benz war
Hermann Koehler, Direktor der Filiale Stuttgart, der von 1928
bis 1943 diesem Gremium angehörte.

Werbeplakat zur Fusion von Daimler und Benz 1926.

3. Die große Banken-fusion 1929 – die Deutsche Bank kommt nach Baden

In Württemberg war die Deutsche Bank zwar ab 1924 vertreten, im angrenzenden Baden war dies bis Ende der 1920er-Jahre noch nicht gelungen. Die wichtige Wirtschaftsregion zwischen Mannheim und Freiburg fehlte noch im Niederlassungsnetz der Deutschen Bank, das sich inzwischen über fast alle Teile Deutschlands erstreckte. Ähnlich wie mit der Württembergischen Vereinsbank wurde diese Lücke längere Zeit durch eine enge Kooperation mit einer der führenden badischen Regionalbanken – der Rheinischen Creditbank – kompensiert, die neben dem Hauptsitz in Mannheim über zahlreiche Filialen in Baden verfügte. Ab 1904 verband beide Institute eine Interessengemeinschaft.

Diese Situation sollte im Herbst 1929 mit einer Großfusion ein Ende finden. Nach diskret geführten Verhandlungen wurde Ende September 1929 bekannt, dass die beiden führenden deutschen Großbanken, die Deutsche Bank und die Disconto-Gesellschaft, sich zusammenschließen wollten. Schon am 29. Oktober 1929 wurde die Fusion zur neuen „Deutschen Bank und Disconto-Gesellschaft" vollzogen.

Hauptsitz der Rheinischen Creditbank in Mannheim
vor der Fusion 1929.

Berliner Börsen-Courier

Moderne Tageszeitung für alle Gebiete

Ueberraschende Großbankfusion

Verschmelzung Deutsche Bank — Disconto

Schlagzeile des *Berliner Börsen-Couriers* am 26. September 1929 nach Bekanntwerden der Fusion von Deutscher Bank und Disconto-Gesellschaft.

Darin eingebunden waren auch die mit den beiden Berliner Großbanken eng verbundenen Regionalbanken, darunter die Rheinische Creditbank in Mannheim, die zum Interessenkreis der Deutschen Bank zählte, sowie die Süddeutsche Disconto-Gesellschaft in Mannheim, die dem Konzern der Disconto-Gesellschaft zuzurechnen war.

Der Zusammenschluss von Deutscher Bank und Disconto-Gesellschaft war keine Liebesheirat, sondern eher eine Vernunftehe. Den Ausschlag gaben vor allem Fragen der Rentabilität. Die nach dem Ersten Weltkrieg explodierenden Verwaltungskosten waren von beiden Banken trotz erheblicher Rationalisierungsanstrengungen nicht in den Griff zu bekommen. Durch die Zusammenlegung der weitverzweigten Filialnetze und der Berliner Hauptverwaltungen hoffte man, die Verwaltungskosten der fusionierten Bank spürbar zu senken. Erreicht werden sollten diese Einsparungen auch über einen Personalabbau. Von den rund 21.000 Arbeitsplätzen der gemeinsamen Bank wurden rund 3.000 zur Disposition gestellt.

Aus dem Vorstand der Deutschen Bank wurden alle sieben Mitglieder in das gemeinsame Führungsgremium übernommen, während von den acht Geschäftsinhabern der Disconto-Gesellschaft fünf in den Vorstand und drei in den Aufsichtsrat wechselten. Vorstandssprecher blieb Oscar Wassermann, den Aufsichtsratsvorsitz teilten sich Max Steinthal von der Deutschen Bank und Arthur Salomonsohn von der Disconto-Gesellschaft. Der Name Deutsche Bank und Disconto-Gesellschaft blieb nur bis Oktober 1937 in Gebrauch. Dann verzichtete die Bank auf den umständlichen Doppelnamen und kehrte zur schlichten Bezeichnung „Deutsche Bank" zurück.

Keinen Einfluss auf die Fusion hatten hingegen die schlechten Nachrichten, die wenige Tage vor den definitiven Beschlüssen von der Wallstreet kamen. Am 24. Oktober 1929 brach die New Yorker Börse ein. Es sollte der Beginn der Weltwirtschaftskrise werden, in deren weiterem Verlauf die deutschen Banken in ihre schwerste Krise stürzten. Die Deutsche Bank und Disconto-Gesellschaft überstand diese Krise nicht zuletzt aufgrund der in der Fusion gewonnenen Stärke relativ unbeschadet.

Siegelmarken der Deutschen Bank und der Disconto-Gesellschaft sowie des vereinigten Instituts „Deutsche Bank und Disconto-Gesellschaft".

Diese Verschmelzung war der Höhepunkt eines Konzentrationsprozesses im deutschen Bankwesen, der in den Jahren vor dem Ersten Weltkrieg eingesetzt hatte. Auch in Baden und am Mannheimer Bankplatz war die Konzentrationswelle längst angekommen. Die beiden führenden Regionalbanken, die Rheinische Creditbank und die Süddeutsche Disconto-Gesellschaft, hatten bis 1929 zahlreiche Privatbankiers und kleinere Aktienbanken übernommen und auf dieser Basis ihre engmaschigen Filialnetze über den badisch-pfälzischen Raum geknüpft. Der Mannheimer Finanzplatz profitierte außerdem von der 1862 gegründeten Produktenbörse, an welcher der Getreidehandel eine große Rolle spielte. 1884 kam die Effektenbörse hinzu, an der sich ein reger Handel insbesondere mit festverzinslichen Wertpapieren etablierte. Welche Bedeutung Mannheim als Bankplatz zukam, zeigt das Aperçu des Bankiers und Publizisten Felix Somary (1881–1956), der in seinen Erinnerungen schrieb: „Das Geschäft des Privatbankiers konnte man in bester Form nur an wenigen Stellen erlernen: in Frankfurt, Mannheim und Basel oder in Wien und Prag sowie an den beiden Hafenorten von Hamburg oder Triest."[3]

Die Nachricht von der Großfusion in Berlin überraschte die Mannheimer Wirtschafts- und Finanzkreise: „Die Kunde der Verschmelzung der Deutschen Bank mit der Disconto-Gesellschaft und ihre nunmehrige Bestätigung hat nicht nur in Finanz und Wirtschaft, sondern auch in politischen Kreisen geradezu als Sensation gewirkt. Durch diese Transaktion wird ein Bankinstitut geschaffen, das man, ohne zu übertreiben, mit amerikanischen Großbanken vergleichen kann", kommentierte die *Neue Mannheimer Zeitung* die Fusion.[4]

Lokale Wirtschafts- und Finanzkreise sahen durch die Übernahme der Rheinischen Creditbank und der Süddeutschen Disconto-Gesellschaft jedoch auch die Stellung des Bankplatzes Mannheim bedroht. Der Platz werde durch die Fusion seiner beiden bodenständigen Banken und deren Umwandlung in einen Filialbetrieb schwer geschädigt. Der schwerfällige Geschäftsbetrieb einer Filiale, die Verschleppungen in der Zentrale und schließlich die Entscheidungen vom grünen Tisch in Berlin aus gefährdeten den bisher sehr engen Zusammenhang der Mannheimer Geschäftswelt mit ihren Kreditinstituten. Zudem würden der Stadt Mannheim durch den Verlust des Gesellschaftssitzes der beiden Institute beträchtliche Steuereinnahmen entgehen. Die Stadt Mannheim als Industrie- und Handelsplatz höre auf, ein Eigenleben zu führen, und versinke restlos in das Verhältnis der kopflosen Provinz, hieß es aus der Mannheimer Wirtschaft.

Die Deutsche Bank etablierte sich durch die Eingliederung der Rheinischen Creditbank und der Süddeutschen Disconto-Gesellschaft als das mit weitem Abstand führende Kreditinstitut im Südwesten Deutschlands, wo sie nun Ende der 1920er-Jahre flächendeckend vertreten war.

Der Neubau der ab 1862 bestehenden Mannheimer Börse in E 4, 14–16, wurde 1902 bezogen.

zwei

Die Vorgängerinstitute
im Südwesten

1. Die Württem-
bergische Vereinsbank,
1869–1924

Die Gründung

Die Vorgeschichte der Gründung der Württembergischen Vereinsbank reicht bis ins Revolutionsjahr 1848 zurück. Noch bevor die revolutionäre Stimmung Anfang März 1848 auch im Königreich Württemberg zum Rücktritt der Regierung und zur Auflösung des Landtags führte, hatten Vertreter aus Handel und Gewerbe im Landtag die Schaffung einer Landesbank und einer Kreditanstalt gefordert, um die Kapitalversorgung der Wirtschaft zu verbessern. Doch weder das Projekt einer Notenbank noch das einer Aktienkreditbank konnten kurzfristig realisiert werden.

Erst Anfang der 1860er-Jahre kamen erneut Forderungen nach Errichtung von Aktienkreditbanken auf. Vor allem die in den Handelskammern organisierte Wirtschaft des Landes beklagte die weiterhin unzureichende Kapitalversorgung und die Abhängigkeit vom Bank- und Börsenplatz Frankfurt am Main. Bei der weiteren Diskussion standen sich zwei Lager gegenüber, die sich auf der politischen Ebene gebildet hatten. Ausgangspunkt war dabei der sich verschärfende preußisch-österreichische Gegensatz – ein Konflikt, in dem auch Württemberg zunehmend Farbe bekennen musste.

Der von 1856 bis 1860 errichtete Königsbau in Stuttgart diente als Geschäfts-, Konzert- und Ballhaus. Im Königsbau trafen sich auch die ortsansässigen Kaufleute, um an einer Warenbörse Handelsgeschäfte zu tätigen. 1861 wurde mit der Gründung des Stuttgarter Börsenvereins auch eine Wertpapierbörse eröffnet. Foto um 1890.

Traditionell war Württemberg wie die übrigen süddeutschen Staaten eher Österreich zugewandt. Diese Tendenz verstärkte sich, als Preußen 1861 im Auftrag des Deutschen Zollvereins mit Frankreich über ein Freihandelsabkommen verhandelte und dieses am 2. August 1862 auch ratifizierte. In Württemberg, wo man wie auch in Österreich wegen der Schwäche der heimischen Wirtschaft eine Schutzzollpolitik befürwortete, regte sich energischer Protest gegen das Handelsabkommen. Da dieses aber nicht anzufechten war, verlagerte sich 1863 die Auseinandersetzung mit Preußen zur Frage, ob der vertraglich bis zum Jahresende 1865 befristete Deutsche Zollverein fortgesetzt werden sollte. Bei den Verhandlungen der Zollkonferenz, die im November 1863 in Berlin aufgenommen wurden, drohte Württemberg mit seinem Rückzug aus dem Zollverein.

Vor dem Hintergrund dieser politischen Konstellation formierten sich in Württemberg zwei Parteien: eine großdeutsche Mehrheit, die für den Austritt aus dem Zollverein und die Hinwendung zu Österreich plädierte, und eine kleindeutsche Opposition, organisiert im 1863 gegründeten Zollvereinskomitee, die für den Verbleib im Zollverein und die Zusammenarbeit mit Preußen eintrat.

Ausschlaggebend für die Entwicklung des württembergischen Bankwesens war jedoch, dass beide Parteien sich auch für unterschiedliche Bankprojekte engagierten. Die Großdeutschen favorisierten die Errichtung einer Notenbank, während das Zollvereinskomitee eine reine Kreditbank gründen wollte. Nachdem sich im September 1864 die propreußische Position durchgesetzt hatte und aus wirtschaftlichen Interessen die Entscheidung für den Verbleib im Zollverein gefallen war, wandten sich beide Gruppen verstärkt den jeweils favorisierten Bankprojekten zu. Tatsächlich gingen schließlich aus dem Notenbankprojekt die Württembergische Notenbank und aus dem Kreditbankprojekt die Württembergische Vereinsbank hervor.

In den 1860er-Jahren war die Wirtschaft Württembergs trotz einer zunehmenden Industrialisierung, vor allem auf dem Textilsektor, noch immer vorwiegend agrarisch geprägt. Das Zollvereinskomitee sah die Entwicklung Württembergs vor allem durch die unzureichende Kreditversorgung der Wirtschaft behindert. Daher fiel es ihm nicht schwer, einen größeren Kreis Interessierter zusammenzubringen, deren Ziel die Errichtung einer Kreditbank war. Eine engere Kommission arbeitete bis März 1865 das Statut und die Organisation der zu gründenden Bank aus und bereitete das Konzessionsgesuch an das Innenministerium vor.

Zu den maßgeblichen Wegbereitern des Anfang April 1865 eingereichten Konzessionsgesuchs für eine „Vereinsbank in Stuttgart" gehörten in erster Linie Kilian Steiner, damals ein junger Rechtsanwalt in Heilbronn, Gustav Müller, Chef des größten Farbenherstellers in Stuttgart, Friedrich Chevalier, Inhaber einer großen Tuchfirma in Stuttgart, Karl Zöppritz, Textilfabrikant in Heidenheim, sowie die Industriellen Friedrich Rauch, Eduard Laiblin und Wilhelm Lodel. Die Genannten bildeten nach 1869 auch den ersten Aufsichtsrat der Württembergischen Vereinsbank.

Da das Gesuch eine rein private Aktienkreditbank ohne Noten- oder Pfandbriefprivileg und ohne jede staatliche Beteiligung vorschlug, rechnete man auf Seiten des Zollvereinkomitees mit einer raschen und anstandslosen Genehmigung durch die württembergische Regierung. Die Hoffnungen wurden jedoch enttäuscht. Das Innenministerium setzte ein bereits aus früheren Eingaben bekanntes langwieriges Verfahren in Gang. Die Eingabe wurde zunächst mit dem Auftrag an die Zentralstelle für Handel und Gewerbe weitergegeben, Gutachten der württembergischen Handelskammern einzuholen. Die Handelskammern sprachen sich zwar für das Bankprojekt aus, dennoch konnte sich die Regierung nicht zu einer Entscheidung entschließen. Sie forderte vielmehr statistische Beweise für die Notwendigkeit einer Kreditbank. Amtliche wie private Stellen sahen sich jedoch außerstande, die gewünschten Zahlen zu liefern. Bis zu Beginn des preußisch-österreichischen Kriegs im Juni 1866, in den Württemberg auf Seiten Österreichs eintrat, war noch immer keine Entscheidung gefallen.

Das Jahr 1867 brachte endlich den Durchbruch. Am 13. März erteilte die Regierung ihre Zustimmung. Die Veröffentlichung der Konzession wurde jedoch von dem Nachweis der Zeichnung und Einzahlung des Aktienkapitals abhängig gemacht. Wider Erwarten bereitete die Beschaffung des Grundkapitals zunächst außerordentliche Schwierigkeiten. Heimische Investoren waren durch die dem Krieg folgende Wirtschaftskrise geschwächt, und die Finanzmärkte verhielten sich angesichts der luxemburgischen Krise, die zu ernsten Spannungen

Kilian Steiner war der führende Kopf der Württembergischen Vereinsbank. Von der Gründung 1869 bis zu seinem Tod 1903 bestimmte er die geschäftliche Entwicklung der Bank.

1873 bezog die Württembergische Vereinsbank ihr neu errichtetes
Geschäftshaus in der Friedrichstraße 46/48 in Stuttgart.

zwischen Frankreich und Preußen führte, sehr zurückhaltend. Erst nach Änderung der Statuten, wobei das Grundkapital der Gesellschaft nunmehr in fünf Serien zu je einer Million Gulden unterteilt wurde, gelang die erfolgreiche Aktienzeichnung.

Im Januar 1869 konnte das Gründungskomitee der Regierung mitteilen, dass die erste Serie des Aktienkapitals der Württembergischen Vereinsbank – dieser Name hatte inzwischen die ursprüngliche Bezeichnung Vereinsbank in Stuttgart ersetzt – gezeichnet worden sei. Daraufhin erfolgte am 30. Januar 1869 die Veröffentlichung der Konzession durch das Innenministerium.

In der ersten Generalversammlung am 8. Februar 1869 wurde der Aufsichtsrat gewählt, der sich fast ausnahmslos aus den Mitgliedern jener Kommission zusammensetzte, die bereits 1865 die Konzession beantragt hatten. Zum Vorsitzenden des Aufsichtsrats wurde der Stuttgarter Farbenfabrikant Gustav Müller bestimmt. In den Vorstand delegierte der Aufsichtsrat Eduard Pfeiffer als seinen Vertreter. Zum Direktor wurde Emanuel Benzinger ernannt, der 32 Jahre lang diese Funktion ausüben sollte. Ihm zur Seite stand Kilian Steiner, der zukünftige „erste Mann" des Unternehmens. Als Rechtskonsulent (Justiziar) gehörte er von der Gründung 1869 bis 1870 der Direktion der Vereinsbank an. 1870 trat Steiner in den Aufsichtsrat über und wurde von diesem Gremium in die Geschäftsleitung delegiert – eine damals sehr beliebte Führungsstruktur. Steiner nahm diese Funktion bis zu seinem Tod im Jahr 1903 wahr.

Am 6. März 1869 eröffnete die Württembergische Vereinsbank ihren Geschäftsbetrieb in einem provisorischen Büro in der Stuttgarter Friedrichstraße 1a. Schon im Juli 1869 zog die Bank in die Königstraße 45 um. Auch dort blieb sie jedoch nur drei Jahre. 1873 bezog sie ihr eigenes, im italienischen Renaissancestil erbautes Bankgebäude in der Friedrichstraße 46/48.

Mit der Württembergischen Vereinsbank hatte Württemberg endlich eine bedeutende Kredit- und Depositenbank erhalten, die sich gezielt der Industrie- und Gewerbefinanzierung annahm. In den Statuten der Bank wurde ihre Aufgabenstellung präzise umrissen: „Die Gesellschaft betreibt ausschließlich Bankgeschäfte, insbesondere kauft und verkauft sie Wechsel, gewährt verzinsliche Vorschüsse gegen Pfändung von Waren und Wertpapieren; sie übernimmt die Aufbewahrung von Wertgegenständen. Die Gesellschaft darf Staatspapiere, Obligationen und Aktien von industriellen Unternehmungen und anderen Erwerbsgesellschaften sowie Kommunalobligationen kaufen und verkaufen, nur ist ihr der Ankauf, sowie die Beleihung ihrer eigenen Aktien untersagt."[5]

Die Bank konnte sich rasch geschäftlich etablieren. Am Ende des ersten, nur zehn Monate dauernden Geschäftsjahres verfügte sie über 431 laufende Konten von inländischen Firmen und Privaten. Diesen Kunden wurden Kredite in laufender Rechnung über 6,5 Millionen Mark eingeräumt. Der Gesamtumsatz des Kontokorrentgeschäfts betrug über 54 Millionen Mark, der des Wechselgeschäfts rund 23 Millionen Mark und der des Effektengeschäfts 28 Millionen Mark. Damit hatte die Württembergische Vereinsbank schon in ihrem ersten Jahr ein Geschäftsvolumen, das von keinem der übrigen Stuttgarter Bankgeschäfte übertroffen wurde. Ebenfalls in ihrem ersten Geschäftsjahr errichtete die Bank in Heilbronn, neben Stuttgart das bedeutendste wirtschaftliche Zentrum Württembergs, eine Filiale.

Bankbeteiligungen und Filialen

Kilian Steiner kümmerte sich von Anbeginn an um die Beziehungen zu auswärtigen Banken. Schon 1870 beteiligte sich die Württembergische Vereinsbank an zwei wichtigen Aktienbankgründungen außerhalb Württembergs. So wirkte sie in dem zum Großherzogtum Baden gehörenden Mannheim maßgeblich an der Gründung der Rheinischen Creditbank mit. Noch bedeutender und vor allem folgenreicher erwies sich jedoch die Teilnahme der Württembergischen Vereinsbank an der Gründung der

Deutschen Bank in Berlin. Mit 141.000 Talern beteiligte sich die Bank in Stuttgart am Gesamtkapital von 5 Millionen Talern der Berliner Gründung. Die Deutsche Bank überflügelte allerdings auf ihrem Weg zum führenden deutschen Kreditinstitut schon bald ihre Stuttgarter Aktionärin, und so musste sich die Württembergische Vereinsbank mit Unterbeteiligungen bei den großen Transaktionen der Deutschen Bank begnügen oder deren Hilfe suchen, wenn größere Geschäfte die eigenen Möglichkeiten überstiegen.

An der 1871 gegründeten Württembergischen Notenbank und ihrem Vorläufer, dem Württembergischen Kassenverein, war die Württembergische Vereinsbank ebenfalls maßgeblich beteiligt.

Zur weiteren Ausdehnung ihres Geschäfts wählte die Bank in den folgenden Jahren zwei Vorgehensweisen: zum einen die Errichtung von Filialen, wie dies bereits 1869 in Heilbronn geschehen war, und zum anderen die kommanditistische Beteiligung. Eine zweite Filiale entstand 1872 durch die Übernahme der Firma L. Müller & Co. in Reutlingen, das schon sehr früh als Industriezentrum eine Rolle spielte. Bis 1906 sollte es bei diesen zwei Filialen bleiben.

Weitaus stärker engagierte sich die Vereinsbank während der ersten vier Jahrzehnte ihres Bestehens in Form von kommanditistischen Beteiligungen. Die wichtigsten waren die bei den Bankfirmen Thalmessinger & Co. in Ulm (1871), Landauer & Co. in Gerabronn (1873), Julius Kahn & Co. in Pforzheim (1877), Schlack & Cie. in Ellwangen (1898), Bittel & Co. in Heidenheim (1898), Deutschle & Schwab in Göppingen (1898), Hartenstein & Co. in Cannstatt (1900), Fleiner & Co. in Tübingen (1904), Roeser & Co. in Mergentheim (1904), Ottenbacher & Co. in Esslingen (1906), Gustav Schaal & Co. in Leutkirch, Wangen und Isny (1909/10), Mauch & Hees in Ebingen (1909), Roeser & Co. in Tauberbischofsheim (1909) und Rümelin & Co. in Heilbronn (1913).

1906 änderte die Württembergische Vereinsbank ihre Beteiligungs- und Niederlassungsstrategie. Mit der Eingliederung des Ulmer Bankhauses Thalmessinger & Co. und seiner Fortführung als Filiale begann eine Entwicklung der schrittweisen Umwandlung der Kommanditbeteiligungen in Filialen. Im gleichen Jahr eröffnete die Bank auch ihre erste Depositenkasse in der Stuttgarter Königstraße. Bis Mitte 1914 stieg die Zahl ihrer Filialen auf elf und die der Depositenkassen auf 17.

An Nummer 35 der Liste der Erstzeichner der Deutschen Bank aus dem Jahr 1870 steht die Württembergische Vereinsbank, die Aktien über 141.000 Taler übernahm, was 2,82 Prozent des Gesamtkapitals entsprach.

Die Einführung der Aktien an der Berliner Börse und Kapitalerhöhungen

In den 1870er-Jahren befand sich das Aktienkapital der Württembergischen Vereinsbank noch größtenteils in den Händen ihrer Gründer, den Privatbankiers und Industriellen aus Stuttgart und Heilbronn. Bis 1879 wurden die Aktien der Württembergischen Vereinsbank nur an den Börsen in Frankfurt am Main und in Stuttgart gehandelt.

Da die Bedeutung der Berliner Börse jedoch immer mehr hervortrat, vereinbarten Kilian Steiner und der Vorstandssprecher der Deutschen Bank, Georg Siemens, Anfang April 1879, die Aktien der Vereinsbank auch in Berlin einzuführen. Insgesamt sollten 1.600 Stück Württembergische-Vereinsbank-Aktien durch ein Verkaufskonsortium, bestehend aus Deutscher Bank, Deutscher Vereinsbank und Württembergischer Vereinsbank, in Berlin angeboten werden.

Die Berliner Fachpresse nahm die geplante Einführung der Aktien der württembergischen Regionalbank wohlwollend auf. Positiv vermerkt wurde vor allem die Bedeutung der Vereinsbank bei der Emission württembergischer Staatsanleihen sowie die stets gute Dividende, die sie erzielen konnte.[6]

1881 erhöhte die Württembergische Vereinsbank erstmals seit 1874 ihr Aktienkapital, und zwar von 15 Millionen auf 18 Millionen Mark. Den Anlass hierfür gab die Umwandlung des Stuttgarter Privatbankhauses Pflaum & Co. in eine Aktiengesellschaft mit dem Namen Württembergische Bankanstalt, vorm. Pflaum & Co. Das steigende Geschäftsvolumen sowie die Tatsache, dass der leitende Geschäftsinhaber, Alexander von Pflaum, keine Nachkommen hatte, legten die Umwandlung des Unternehmens nahe. Die neue Aktiengesellschaft erhielt ein Eigenkapital von 6 Millionen Mark. Neben der Familie Pflaum erhielt die Darmstädter Bank für Handel und Industrie, die ab 1866 bei Pflaum & Co. Kommanditistin war, einen Teil der Aktien zur Ablösung ihres Kommanditanteils.

Mit Aktien über nominal 2,4 Millionen Mark übernahm die Württembergische Vereinsbank den größten Teil des Kapitals der umgewandelten Privatbank. Im Gegenzug erhielt die Württembergische Bankanstalt Aktien der Vereinsbank in entsprechender Höhe. Die Vereinsbank war im Aufsichtsrat der Württembergischen Bankanstalt mit vier Mitgliedern vertreten, während der bisherige Inhaber der Privatbank, Alexander von Pflaum, in den Aufsichtsrat der Württembergischen Vereinsbank gewählt wurde.

Die beiden Stuttgarter Aktienbanken waren jedoch nicht nur durch gegenseitige Kapitalbeteiligungen und personelle Verflechtungen miteinander verbunden, sie schlossen zugleich einen Kartellvertrag für die Dauer von 50 Jahren, der die erste Interessengemeinschaft im deutschen Bankwesen besiegelte. Entsprechend dem Verhältnis des Aktienkapitals von Vereinsbank (18 Millionen Mark) und Bankanstalt (6 Millionen Mark) sollten die Unkosten und Gewinne im Verhältnis von 3 : 1 geteilt werden, wobei die Dividendenhöhe bei beiden Unternehmen stets gleich hoch war.

Nach der Kapitalerhöhung von 1881 dauerte es 24 Jahre, bis der regelmäßig wachsende Geschäftsumfang der Vereinsbank eine weitere Kapitalerhöhung erforderlich machte. Im Februar 1905, die Bilanzsumme der Bank hatte inzwischen die Grenze von 100 Millionen Mark erreicht, wandte sich die Württembergische Vereinsbank an die Deutsche Bank, um ihr die Beteiligung im Bankenkonsortium, das die Kapitalerhöhung von 18 auf 21 Millionen Mark vornehmen sollte, anzutragen. Die Deutsche Bank übernahm Aktien über nominal 1,4 Millionen Mark. Die Führung im Übernahmekonsortium hatte die Württembergische Bankanstalt, daneben waren noch die befreundeten Institute Deutsche Vereinsbank, Rheinische Creditbank und Wiener Bankverein beteiligt.

Schon Ende Dezember 1905 wandte sich Alfred Kaulla, Aufsichtsratsmitglied der Württembergischen Vereinsbank, an Arthur Gwinner im Vorstand der Deutschen Bank wegen einer weiteren Kapitalerhöhung, wiederum um 3 Millionen auf nunmehr insgesamt 21 Millionen Mark. Die Vereinsbank verfolgte damit den Zweck, die Aktien der Bankanstalt, deren Kapital gleichfalls angehoben werden sollte, vollständig zu übernehmen, um

Alexander von Pflaum führte in zweiter Generation das 1855 gegründete Bankhaus Pflaum & Co. in Stuttgart, das 1881 unter Beteiligung der Württembergischen Vereinsbank in die Württembergische Bankanstalt, vorm. Pflaum & Co. in der Rechtsform einer Aktiengesellschaft umgewandelt wurde. Pflaum wechselte in den Aufsichtsrat der Württembergischen Vereinsbank, dem er bis zu seinem Tod 1911 angehörte.

damit ein zukünftiges Aufgehen der Bankanstalt in der Vereinsbank vorzubereiten. Als wichtigste Transaktion war jedoch die Umwandlung der Königlich Württembergischen Hofbank in eine Gesellschaft mit beschränkter Haftung mit 10 Millionen Mark Kapital vorgesehen, wovon die Vereinsbank 5,6 Millionen Mark übernehmen wollte.

Nach Kaullas Vorschlag sollte die Führung des Übernahmekonsortiums wie bei der zuvor erfolgten Kapitalerhöhung bei der Württembergischen Bankanstalt liegen. Gwinner hingegen beanspruchte für die Deutsche Bank die Federführung und betonte zudem, dass sein Institut nur an dem Geschäft interessiert sei, wenn ein beträchtlicher Teil der Aktien vom Verkauf ausgeschlossen werde. Er wollte diesen Anteil in das Portefeuille der Deutschen Bank übernehmen. Auf diese Position der Deutschen Bank einigte man sich im Januar 1906. Etwa die Hälfte der neuen Aktien über nominal 3 Millionen Mark übernahm die Deutsche Bank ins eigene Portefeuille, die andere Hälfte wurde an die Bank für Handel und Industrie, die Württembergische Bankanstalt, die Deutsche Vereinsbank, die Rheinische Creditbank und den Wiener Bankverein abgegeben.

Die Zusammenarbeit zwischen Kilian Steiner und Georg Siemens

Zwischen 1870 bis zur Jahrhundertwende basierten die engen Beziehungen zwischen der Württembergischen Vereinsbank und der Deutschen Bank hauptsächlich auf dem freundschaftlichen Verhältnis der beiden führenden Persönlichkeiten beider Unternehmen Kilian Steiner und Georg Siemens. Nachdem die Württembergische Vereinsbank schon dem Kreis der Erstzeichner angehört hatte, wurde anschließend die Verbindung vor allem durch das von Kilian Steiner zwischen 1886 und 1896 ausgeübte Aufsichtsratsmandat bei der Deutschen Bank vertieft.

Kilian Steiner, am 9. Oktober 1833 in Laupheim geboren und am 25. September 1903 in Stuttgart gestorben, war der führende Kopf der Württembergischen Vereinsbank; ein souveräner Kaufmann, weit ausgreifend in seinen geschäftlichen Unternehmungen. Der Stuttgarter Bankier, dem überlieferten Bild zufolge ein Mann von hoher Intelligenz, auf repräsentatives Äußeres bedacht, jedoch nicht von extremem Ehrgeiz besessen, leitete die Württembergische Vereinsbank praktisch vom ersten Tag ihres Bestehens und machte sie in kurzer Zeit zur führenden Bank in Württemberg.

Während des gemeinsamen Jurastudiums in Heidelberg lernten sich Steiner und Siemens kennen und waren seitdem freundschaftlich verbunden. Als Bankiers standen sie mehrere Jahrzehnte in regem Gedankenaustausch und arbeiteten in vielen nationalen und internationalen Projekten eng zusammen.

Vor allem in den Anfangsjahren der Deutschen Bank war Kilian Steiner für Georg Siemens ein wichtiger Ratgeber. Die Deutsche Bank war nach der Gründung 1870 noch ein recht bescheidenes Unternehmen, dem für die gesetzten Ziele – die Finanzierung des deutschen Außenhandels und die Finanzierung der Industrie – personelle und organisatorische Mittel fehlten. Siemens plante daher 1875/76, zwei Berliner Banken, den Berliner Bank-Verein und die Deutsche Union-Bank, zu übernehmen, die in der Gründerkrise von 1873 illiquide geworden waren. Dabei stieß er jedoch auf die Ablehnung des Vorsitzenden des Verwaltungsrats, Adelbert Delbrück.

Kilian Steiner vermittelte erfolgreich in dieser Angelegenheit. Siemens Vorstandskollege, Hermann Wallich, berichtet darüber in seinen Erinnerungen: „Siemens und ich benutzten die günstige Gelegenheit, uns zu Herren dieser beiden Banken zu machen und sie mit unserer Bank zu amalgamieren. Es war das erste Geschäft dieser Art und darum epochemachend. Zwar war die Sache nicht leicht, besonders da wir keine Unterstützung bei unserem Vorsitzenden fanden. Wir mussten uns der Hilfe unseres Geschäftsfreundes Dr. Kilian Steiner aus Stuttgart als Hebamme bei der schweren Geburt bedienen. Er hatte seine Fäden in beiden Lagern, und so gelang der kühne Wurf. [...] Aber das wesentliche war, dass wir vermöge dieser Operation durch die Konzentration von drei Banken über Nacht mit einem Schlag eine große Bank wurden."[7]

oben: Georg Siemens war von 1870 bis 1900 der erste Vorstandssprecher der Deutschen Bank.
unten: Die Deutsche Union-Bank in Berlin gehörte zu den beiden Instituten, die die Deutsche Bank 1876 mit Hilfe der Vermittlung von Kilian Steiner übernehmen konnte. Ihr Geschäftsvolumen erhöhte sich dadurch beträchtlich.

Die Beteiligung der Deutschen Bank

Nachdem Georg Siemens und Kilian Steiner im Abstand von zwei Jahren verstorben waren, zeichnete sich ein Wandel in den Beziehungen der beiden Banken ab. Während die Deutsche Bank bisher nur in geringem Maße am Kapital der Vereinsbank beteiligt war, strebte sie spätestens durch die Übernahme eines großen Aktienpakets bei der Kapitalerhöhung von 1906 einen direkteren Einfluss auf das Stuttgarter Institut an. Die Übernahme der Vereinsbank-Aktien ins Portefeuille der Deutschen Bank geschah in der Absicht, „dadurch die Württembergische Vereinsbank als zu unserer Gruppe gehörig zu charakterisieren und andere möglichst von ihr fernzuhalten" – so formulierte es Arthur Gwinner in einer Aktennotiz an seine Vorstandskollegen. Das Interesse der Deutschen Bank an der Stuttgarter Regionalbank beruhte vor allem auf deren überragender Stellung bei der Emission von Staatsanleihen und beim Industriegeschäft in Württemberg. Nach Gwinners Einschätzung beherrschte die Vereinsbank „das württembergische Geschäft beinahe vollkommen"[8].

Eine Beteiligung an der wichtigsten württembergischen Geschäftsbank fügte sich für die Deutsche Bank, die zu diesem Zeitpunkt keine einzige Filiale in Württemberg unterhielt, nahtlos in ihre Kooperationsstrategie ein, die auf der Grundlage von Interessengemeinschaften mit bedeutenden Regionalbanken beruhte. Zu einer regelrechten Interessengemeinschaft, wie sie die Deutsche Bank 1897 mit der Bergisch Märkischen Bank in Elberfeld und dem Schlesischen Bankverein in Breslau eingegangen war, kam es indes nicht. Die Deutsche Bank baute zwar ihre Beteiligung an der Württembergischen Vereinsbank bei den nachfolgenden Kapitalerhöhungen weiter aus, doch verkaufte sie auch immer wieder Teile ihrer dauernden Beteiligungen, um Kursgewinne zu realisieren. 1912 beliefen sich die Eigenmittel der Württembergischen Vereinsbank auf 40 Millionen Mark und die dauernden Beteiligungen der Deutschen Bank an der Vereinsbank auf rund 1,2 Millionen Mark.

Das Industriegeschäft

Wenn von der industriellen Revolution in Deutschland gesprochen wird, dann nennt wohl niemand an erster Stelle Württemberg, sondern eher die Industriezentren an der Ruhr, in Sachsen, in Schlesien oder an der Saar. Auf der Linie Heilbronn–Stuttgart–Ulm sind nur wenige Unternehmen erwähnenswert, deren Namen in der ersten oder zu Beginn der zweiten Hälfte des 19. Jahrhunderts klangvoll waren oder heute noch sind. Industriebarone waren im 19. Jahrhundert in Essen, Chemnitz, Breslau oder in Berlin, nicht aber in Stuttgart zu finden. Dennoch sollte die weniger spektakuläre Entwicklung in Württemberg nicht unterschätzt werden.

Die Unternehmen in Württemberg blieben zunächst klein, überschaubar und nicht selten hoch spezialisiert. Zumeist erlangten sie zunächst nur regionale Bedeutung und Anerkennung. Aus diesem Grund bedurften nur wenige Betriebe in Württemberg einer Bankbetreuung; sei es, dass sie ihre Gewinne in Wertpapiere oder als Depositen bei einer Bank anlegten, sei es, dass sie größere kurzfristige Kredite von den Banken in Anspruch nehmen mussten. Daher blieben die Möglichkeiten der Württembergischen Vereinsbank im Gründungs- und Emissionsgeschäft bis zum Ende des 19. Jahrhunderts begrenzt.

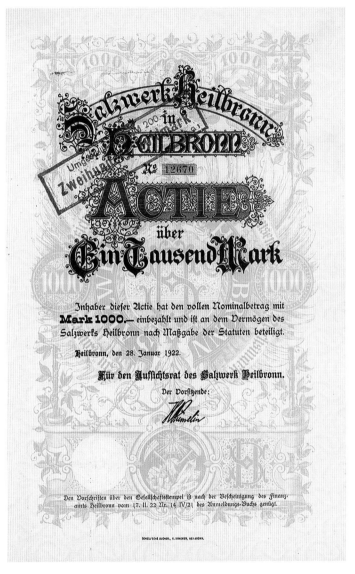

Aktie des Salzwerks Heilbronn über 1000 Mark, an dessen Gründung sich die Württembergische Vereinsbank 1883 beteiligte.

Die „Werkstätte für Feinmechanik und Elektrotechnik Robert Bosch" war bei ihrem Beginn 1886 in der Rotebühlstraße 75B in Stuttgart untergebracht.

Am Gründungsgeschäft, das in den Jahren des Börsenbooms zwischen 1871 und 1873 eine Hochphase erlebte, beteiligte sich die Württembergische Vereinsbank mit großer Zurückhaltung. Die wenigen Ausnahmen beschränkten sich auf das Salzwerk Heilbronn, auf Verkehrsunternehmen wie die Ermstalbahn und die Filderbahn-Gesellschaft, die ab 1884 eine Zahnradbahn von Stuttgart auf die Filder-Hochebene nach Degerloch betrieb. Stärker engagierte sich die Bank im Immobiliengeschäft, das insbesondere in Stuttgart aufgrund in die Höhe schnellender Bodenpreise große Gewinne versprach. Mit der Ende 1873 beginnenden Gründerkrise war jedoch die wilde Spekulationsphase schlagartig beendet und führte zu großen Verlusten auf diesem Geschäftsfeld.

Maßgeblich für den Aufschwung der württembergischen Industrie zwischen 1895 und 1914 waren zahlreiche technische Erfindungen und Innovationen. Diese führten zur Gründung neuer Industriezweige und einem deutlichen Anwachsen des Emissions- und Gründungsgeschäfts.

Vor allem von der Elektroindustrie ging eine „zweite industrielle Revolution" aus. Lichtmaschinen, Dynamos, Elektromotoren, das Telefon, die Glühbirne, Starkstrom und vieles andere mehr prägten die Wende vom 19. ins 20. Jahrhundert. Die mit den Namen Werner von Siemens und Emil Rathenau in Berlin und Robert Bosch in Stuttgart verbundenen Unternehmen – um nur die bedeutendsten zu nennen – veränderten das Leben der Menschen entscheidend.

In Stuttgart gründete Robert Bosch 1886 seine feinmechanische Werkstätte. Völlig unabhängig voneinander bauten Gottlieb Daimler in einer Werkstatt am Rande des Kurparks in Cannstatt und Karl Benz in Mannheim ihre Motorfahrzeuge, die den Ausgangspunkt der Automobilindustrie in Deutschland bildeten. Die Aufbauleistung von Gottlieb Daimler und Wilhelm Maybach in Stuttgart wurde nicht unwesentlich von Kilian Steiner von der Württembergischen Vereinsbank unterstützt. Die Kraftfahrzeugindustrie in Württemberg erlangte bald Weltruf.

Dass Württemberg trotz oft gepriesener Innovationsfreudigkeit und Kreativität hinter dem industriellen Wachstum, vor allem aber dem Aufbau starker Industrien bis Ende des 19. Jahrhunderts, zurückblieb, lag nicht allein an dem oft als Grund angeführten Rohstoffmangel. Die geistige Grundhaltung der Menschen in Württemberg blieb vielmehr bis zum Ende des 19. Jahrhunderts eine bäuerliche.

Im Gegensatz zum Ruhrgebiet, wo die großen Industriebarone ihre Unternehmen in Städten gründeten und die Menschen vom Land zu den Unternehmen hinzogen, mussten in Württemberg die Unternehmer bei fortschreitender Industrialisierung mit ihren Gründungen zu den Menschen aufs Land gehen. So ist es auch nicht verwunderlich, dass eher Ausländer, vor allem Schweizer, in Württemberg investierten, während die inländischen Investoren sich doch lange Zeit zurückhielten.

Erst mit der Wende zum 20. Jahrhundert änderte sich diese Grundhaltung langsam. Nach 1895 kam Bewegung in das starre Bild der wirtschaftlichen Situation in Württemberg. Hiervon

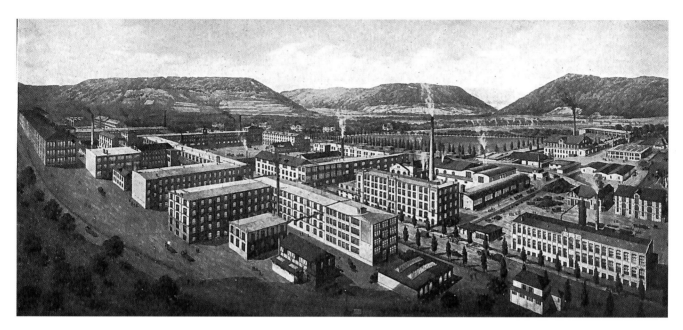

Gesamtansicht der Württembergischen
Metallwarenfabrik in Geislingen um 1913.

war auch die Württembergische Vereinsbank betroffen. Ihre Bilanzzah-
len stiegen nach 1895 erheblich an.

Stärker als im industriellen Gründungsgeschäft engagierte sich die
Württembergische Vereinsbank zunächst im industriellen Konzentrati-
onsprozess. Die bedeutendste Industriefusion, welche die Bank und ihr
Vertreter Kilian Steiner einleiteten, war die Verschmelzung der Stuttgar-
ter chemischen und Farbwerkfabriken von Rudolph Knosp und Heinrich
Siegle mit der Badischen Anilin- und Sodafabrik (BASF) in Ludwigs-
hafen im Jahr 1873, woraus später einer der führenden deutschen
Chemiekonzerne hervorging. Aus der Fusion zweier Konkurrenzunter-
nehmen entstand 1880 auch die Württembergische Metallwarenfabrik
(WMF) in Geislingen. Auf Initiative der Vereinsbank führten die Firma
Straub & Schweizer sowie eine Stuttgarter Metallwarenfabrik, die beide
versilberte Gebrauchs- und Schmuckgeräte herstellten, ihre Geschäfte

Fabrikhallen der Maschinenfabrik Esslingen am Neckar im Jahr 1906.

in einer gemeinsamen Aktiengesellschaft zusammen. Bis zum Ersten Weltkrieg entwickelte sich die Württembergische Metallwarenfabrik mit rund 2.500 Beschäftigten zum größten Industriebetrieb des Landes.

Eine ähnlich wichtige Fusion erfolgte 1881, als die Württembergische Vereinsbank unter Inkaufnahme eigener Verluste die ab 1853 bestehende Maschinenfabrik und Eisengießerei der Gebrüder Decker in Cannstatt, zu der eine defizitäre Kontokorrentverbindung bestand, mit der Maschinenfabrik Esslingen vereinte. Für zwei Millionen Mark erwarb die Maschinenfabrik Esslingen das nicht mehr konkurrenzfähige Unternehmen, wobei sich ihre bisherige Hausbank, das Stuttgarter Bankhaus Doertenbach & Co., dieser Transaktion widersetzte. An dessen Stelle trat nun die kapitalkräftigere Württembergische Vereinsbank.

Die bedeutendste Industriegründung in Württemberg, an der sich die Vereinsbank im Jahr 1890 beteiligte, war die der Daimler-Motoren-Gesellschaft in Cannstatt. Gottfried Daimler, der bis 1882 technischer Leiter der Gasmotorenfabrik Deutz gewesen war, experimentierte lange Jahre mit der Entwicklung von Motorfahrzeugen, bis ihn seine Geldgeber zur Gründung einer Aktiengesellschaft drängten, die eine gewinnbringende Serienproduktion aufnehmen sollte. Das Unternehmen erhielt ein Aktienkapital von 600.000 Mark, aufgeteilt in 600 Aktien über je 1.000 Mark, wovon Daimler 200, der Karlsruher Erfinder und Fabrikant Wilhelm Lorenz 180, der Rottweiler Pulverfabrikant Max Duttenhofer 150 und Kilian Steiner für die Württembergische Vereinsbank 50 Aktien zeichneten.

Steiner gehörte zwar auch dem ersten Aufsichtsrat von Daimler an, schied aber bereits 1893 wieder aus und verkaufte bald seine Anteile. Der Vereinsbank kam dennoch von Anfang an die Rolle als Hausbank bei Daimler zu. Bereits bei der Gründung stellte sie der Firma einen Kredit über 200.000 Mark zur Verfügung. Vor allem nach der Wende zum 20. Jahrhundert und der Inbetriebnahme eines neuen Werks in Untertürkheim 1904/05 dehnte Daimler die Produktion und die Belegschaft rasch aus. 1913 stellten die 3.552 Beschäftigten bereits 1.866 Fahrzeuge her. Die Württembergische Vereinsbank war an dieser Expansion insbeson-

dere durch die 1908 erfolgte Kapitalerhöhung der Daimler-Motoren-Gesellschaft von 900.000 auf 3,2 Millionen Mark zum Zweck der Fusion mit der Motorfahrzeug- und Motorenfabrik AG Berlin-Lichterfelde beteiligt.

Ab 1902 war die Vereinsbank durch Alfred Kaulla im Aufsichtsrat des Automobilherstellers vertreten, der dem Kontrollgremium bis 1923, ab 1910 als Vorsitzender, angehörte.

Als eine folgenreiche Industrieverbindung der Vereinsbank sollten sich auch ihre Beziehungen zur Waffenfabrik Gebrüder Mauser & Co. in Oberndorf erweisen. Nachdem anfangs nur eine Kontokorrentverbindung mit bescheidenem Umfang bestanden hatte, beteiligte sich die Württembergische Vereinsbank 1874 kommanditistisch mit 1 Million Mark und delegierte gleichzeitig einen ihrer Angestellten als kaufmännischen Leiter zu Mauser & Co. Grundlage für die Investitionsbereitschaft der Bank war die Entwicklung eines neuen überlegenen Armee-Gewehrs, für das sich bald Interessenten im In- und Ausland fanden. Aufträgen der württembergischen Armee über 100.000 Gewehre folgten weitere Großaufträge Bayerns, Preußens und Serbiens. Der rasche Ausbau der Produktion, der dadurch möglich und nötig wurde, wurde durch Kredite der Vereinsbank finanziert. Dennoch blieb die finanzielle Lage des Unternehmens kritisch, ab 1878 arbeitete es ohne Reingewinn. Auf Drängen der Vereinsbank wurde es daher 1884 in eine Kommanditgesellschaft auf Aktien mit einem Grundkapital von 5 Millionen Mark umgewandelt.

Der letzte große Abschluss über eine Gewehrlieferung erfolgte im Jahre 1886 mit dem Osmanischen Reich – unter Zustimmung des Auswärtigen Amtes. Die Vertragsverhandlungen in Konstantinopel wurden von Vorstandsmitglied Alfred Kaulla geführt, der schließlich einen Auftrag über 550.000 Gewehre und Munition im Wert von 37 Millionen Mark für die Firmen Gebrüder Mauser & Co. in Oberndorf und Ludwig Loewe & Co. in Berlin erhielt. Trotz der hervorragenden Auftragslage bei der Waffenfabrik Mauser verkaufte die Vereinsbank jedoch 1887 ihre Kommanditanteile an dem Unternehmen an den Berliner Konkurrenten. Kilian Steiner begründete diesen überraschenden Verkauf mit den „vielen schweren Nachteilen", welche „die geteilte Ausführung der Bestellung" hervorgerufen habe.[9] Vermutlich nutzte die Bank aber auch die Gunst der Stunde und realisierte bei dem Verkauf beträchtliche Gewinne, die ihre bisherige Investitionen in die Waffenfabrik amortisierten.

Langfristig wichtiger als die Erlöse aus dem Verkauf der Mauser-Anteile waren jedoch die Verbindungen, die Alfred Kaulla bei seinen Verhandlungen über die Waffenlieferungen in Konstantinopel geknüpft hatte. Sie sollten sich für die Deutsche Bank besonders auszahlen.

Alfred Kaulla und die türkischen Eisenbahnen

Alfred Kaulla, geboren am 8. August 1852 in Straßburg, trat 1872 zunächst als Sekretär von Kilian Steiner in die Württembergische Vereinsbank ein. Ab 1882 gehörte er dem Vorstand an, zunächst als stellvertretendes, ab 1888 als ordentliches Vorstandsmitglied. Kaulla wechselte 1900 in den Aufsichtsrat der Vereinsbank, dem er bis zu seinem Tod am 14. Januar 1924 angehörte.

Als sich die türkische Regierung 1886 mit der Vergabe einer Konzession für den Bau der Anatolischen Eisenbahn beschäftigte, traten türkische Vertreter auch an Kaulla heran, der sich wegen des erwähnten Waffengeschäfts in Konstantinopel aufhielt. Der türkische Sultan plante, einer deutschen Finanzgruppe die Übernahme der Konzession anzubieten. Die Württembergische Vereinsbank wandte sich sogleich an die befreundete Deutsche Bank und schlug ihr ein gemeinsames Vorgehen bei dem türkischen Eisenbahngeschäft vor.

Alfred Kaulla, der dem Vorstand der Württembergischen Vereinsbank von 1882 bis 1900 angehörte, wurde zum Wegbereiter des Baues der Anatolischen Eisenbahn, die ab 1888 von der Deutschen Bank finanziert wurde.

In Berlin ließ man zwar prinzipielles Interesse erkennen, Georg Siemens wollte jedoch zunächst die weiteren Verhandlungen Kaullas in Konstantinopel abwarten. Kilian Steiner schrieb an Siemens, dass seine Bank mit dem Eisenbahnprojekt überfordert sei und nur unter der Federführung der Deutschen Bank daran festhalten werde: „Es konnte mir nicht einfallen, einem Unternehmen, wie das in Frage stehende, von Seiten der Württembergischen Vereinsbank – wäre es auch nur in präparatorischer Weise – näherzutreten; ein solches Verfangen böte einen zu starken Gegensatz gegen die Stellung und Leistungsfähigkeit der Württembergischen Vereinsbank von jeder Seite aus betrachtet."[10]

Trotz Steiners Bemühungen lehnten Siemens und seine Vorstandskollegen das Bahnprojekt zunächst ab. In den folgenden Wochen änderte Siemens jedoch seine Meinung. Eine offizielle Einladung des Sultans Abdul Hamid und vor allem die am 2. September 1888 eingegangene wohlwollende Antwort des Auswärtigen Amtes, das von der Deutschen Bank um seine Meinung zu den kleinasiatischen Bahnprojekten befragt worden war, gaben schließlich den Ausschlag. Alfred Kaulla reiste – ausgestattet mit den nötigen Vollmachten – sofort nach Konstantinopel. Vor Ort galt es nicht nur, die türkischen Belange zu beachten, eine gewichtige Rolle spielten

Lokomotiven der Esslinger Maschinenfabrik gehörten zum Fuhrpark der Eisenbahnen im Osmanischen Reich.

auch die diplomatischen Beziehungen. Unter geschickter Ausnutzung der gegensätzlichen Interessen Englands und Frankreichs im Vorderen Orient gelang es Kaulla, die Zustimmung des englischen Botschafters für den unter Führung der Deutschen Bank stehenden Bau einer Bahnlinie von Konstantinopel nach Ankara zu erreichen.

Nachdem die Deutsche Bank noch die Bedingung der türkischen Regierung akzeptierte, eine Anleihe über 30 Millionen Mark zu günstigen Konditionen zu emittieren, war der Weg frei für die Konzessionsverträge. Am 4. Oktober 1888 unterzeichneten die türkische Regierung und Alfred Kaulla im Namen der Deutschen Bank die Verträge für den Bau der Anatolischen Eisenbahn.

Die Württembergische Vereinsbank hatte der Deutschen Bank den Weg geebnet und wurde dafür mit Beteiligungen bei den anschließenden Konsortialgeschäften belohnt. Als im November 1888 eine Staatsanleihe des Osmanischen Reiches emittiert wurde, gehörte neben der federführenden Deutschen Bank auch die Württembergische Vereinsbank dem Konsortium von insgesamt fünf deutschen Banken an. Noch wichtiger war jedoch ihre Beteiligung an der Société du Chemin de Fer Ottoman d'Anatolie, der Anatolischen Eisenbahn-Gesellschaft, die im März 1889 mit Sitz in Konstantinopel gegründet wurde und der die erworbenen Bau- und Betriebskonzessionen übertragen wurden. In dieser wie in allen anderen Gesellschaften, die im Zusammenhang mit den kleinasiatischen Bahnen gegründet wurden, war die Württembergische Vereinsbank mit Kapital und Aufsichtsratssitzen vertreten.

Staatsanleihen und Hypothekengeschäfte

Neben dem regen Industriegeschäft war die Württembergische Vereinsbank führend auf dem Gebiet der württembergischen Staatsanleihen. Zunächst war es schwierig, auf dem Gebiet der Staatsfinanzierung Fuß zu fassen, da hier nach wie vor das Bankhaus Rothschild in Frankfurt am Main dominierte. Als jedoch mit Beginn des Deutsch-Französischen Kriegs im Juli 1870 die steigenden Militärausgaben eine weitere Kreditaufnahme des Königreichs Württemberg erforderlich machten, versagte das Frankfurter Haus der Rothschilds aus Loyalität zum französischen Familienzweig seine Unterstützung. Jetzt konnte die Württembergische Vereinsbank den Grundstein zur Führungsrolle bei württembergischen Staatsanleihen legen. In den folgenden Jahrzehnten erlangte sie eine Monopolstellung für die Emission württembergischer Staatsanleihen, wobei sie meist befreundete Banken wie die Rheinische Creditbank in Mannheim, die Deutsche Vereinsbank in Frankfurt am Main und die Deutsche Bank in Berlin als Unterbeteiligte hinzuzog.

Da die Württembergische Vereinsbank häufig von ihren Industriekunden auf Schwierigkeiten, Fabrikanlagen hypothekarisch zu beleihen, angesprochen wurde, nutzte sie 1878 die günstige Gelegenheit zum Aufbau einer eigenen Hypothekenabteilung. Sie erweiterte damit die Palette ihrer Kreditinstrumente, worunter der Kontokorrentkredit am wichtigsten war, um den langfristigen Hypothekarkredit. Die Vereinsbank betrieb nun auch die Geschäfte einer Hypothekenbank, d. h., sie vergab hypothekarisch gesicherte Darlehen sowie Kommunaldarlehen ohne hypothekarische Sicherungen und sie refinanzierte sich über die Emission von festverzinslichen Bankobligationen, die im Grunde mit den Pfandbriefen der Hypothekenbanken identisch waren.

Der Hypothekenbestand entwickelte sich bis zur Jahrhundertwende langsam, aber stetig. Von 1880 bis 1914 stieg das Kreditvolumen von 2,8 Millionen Mark auf 42,8 Millionen Mark. Der Aufschwung erklärte sich nicht zuletzt durch das Inkrafttreten des Reichshypothekenbankgesetzes im Jahr 1900, das den Schutz der Pfandbriefinhaber durch die Staatsaufsicht verankerte. Der Württembergischen Vereinsbank gestattete das Gesetz die Emission von Pfandbriefen in Höhe des doppelten Betrags des eingezahlten Grundkapitals und des gesetzlichen Reservefonds.

Auswirkungen des Ersten Weltkriegs

Spätestens ab der Kapitalerhöhung von 1906 gehörte die Württembergische Vereinsbank auch nach außen hin zum Einflussbereich der Deutschen Bank. Mit den nachfolgenden Kapitalerhöhungen von 1909 und 1912 baute die Deutsche Bank ihre Kapitalbeteiligung bei der Württembergischen Vereinsbank weiter aus. Dennoch gelang es ihr nicht, mit der Württembergischen Vereinsbank einen Interessengemeinschaftsvertrag abzuschließen. Immer wieder betonte diese ihre Unabhängigkeit.

Entscheidend war hierbei, dass die Württembergische Vereinsbank 1881 mit der Württembergischen Bankanstalt, vorm. Pflaum & Co., eine Interessengemeinschaft eingegangen war und hierdurch den Kapitaleinfluss der Deutschen Bank in Grenzen halten konnte. Hinzu kam die Mehrheitsbeteiligung bei der Königlich Württembergischen Hofbank, von deren Kapital die Württembergische Vereinsbank rund 56 Prozent und die Württembergische Bankanstalt rund 18 Prozent hielten. Zusammen bildeten diese drei Banken in Stuttgart einen festen Block, der sich lange Zeit gegen alle Übernahmeabsichten durch die Deutsche Bank erfolgreich zur Wehr setzte. Außerdem war die Württembergische Vereinsbank durch die Umwandlung des Bankhauses Doertenbach & Co. in Stuttgart in eine GmbH auch an diesem Institut mehrheitlich beteiligt.

Diese Verflechtungen verhalfen der Württembergischen Vereinsbank in den Jahren vor dem Ersten Weltkrieg zu einer dominierenden Rolle in ihrer Heimatregion. Der Nationalökonom Arthur Loewenstein schätzte 1912, dass die Vereinsbank und die ihr angehörenden Institute über rund 75 Prozent des Kapitals aller Banken in Württemberg verfügten. In einer ähnlichen Größenordnung, so die Annahme, sollte sich auch ihr Marktanteil im württembergischen Bankgeschäft bewegen.[11]

Zu Beginn des Ersten Weltkriegs zeigte sich die Württembergische Vereinsbank auf die kurzzeitig auftretende hohe Kreditnachfrage und den panikartigen Abzug der Einlagen gut vorbereitet. Langfristig machte sich jedoch die Kriegswirtschaft im laufenden Geschäft und in den Bilanzen der Württembergischen Vereinsbank durch Umschichtung und Aufblähung vieler Positionen bemerkbar. Am stärksten war der Anstieg bei den Einlagen, die sich von 1914 bis 1918 von 81,7 Millionen auf 367,6 Millionen Mark erhöhten. Doch auch die Bilanzsumme stieg im gleichen Zeitraum um mehr als das Doppelte von 201,2 Millionen auf 473,6 Millionen Mark.

Die privaten Unternehmen, die vor 1914 eindeutig die wichtigste Kundengruppe der Bank gestellt hatten, waren aufgrund einer ständig steigenden Liquidität immer weniger auf die klassischen Finanzierungsinstrumente wie Kontokorrent- und Wechselkredit angewiesen. Die Ausleihungen der Bank sanken daher während des Kriegs von 56,8 Millionen auf 19,4 Millionen Mark. Aufgrund dieses dramatischen Rückgangs war die Bank gezwungen, ihr Aktivgeschäft durch die Übernahme von öffentlichen Schuldtiteln zu stärken. Neben den Stadt- und Kommunalwechseln verzeichneten vor allem unverzinsliche Reichsschatzanweisungen hohe Zuwachsraten.

Beim Effektenhandel der Württembergischen Vereinsbank spielten die Kriegsanleihen des Reichs eine immer wichtigere Rolle. Allerdings übte die Bank trotz des schwierigen Aktivgeschäfts bei der Übernahme der Anleihen ins eigene Portefeuille große Zurückhaltung. Die Situation änderte sich jedoch bei der Zeichnung der fünften Kriegsanleihe. Auf besonderen Wunsch der Reichsbank übernahm die Württembergische Vereinsbank mit 10 Millionen Mark einen ungewöhnlich hohen Betrag. Wie bei den vorherigen Anleihen gab die Bank auch die neue Emission an das Publikum weiter, was jedoch nur mit Schwierigkeiten gelang. Bei den beiden letzten Kriegsanleihen übernahm die Württembergische Vereinsbank – wiederum in die patriotische Pflicht genommen – erneut erhebliche Beträge. In diesen Fällen gelang es ihr aber nicht mehr, die Anleihen bei ihren Kunden

unterzubringen. Die Abschreibungen, die auf diese Bestände notwendig wurden, zehrten den Gewinn aus anderen Wertpapier- und Konsortialgeschäften nicht nur auf, sondern ergaben einen Verlust, der aus früheren Rückstellungen ausgeglichen wurde.

Sinkende Zinsgewinne bei gleichzeitig zurückgehenden Provisionseinnahmen aus dem Wertpapiergeschäft führten dazu, dass sich der Reingewinn von 1914 bis 1918 nur unwesentlich von 4,1 Millionen auf 4,3 Millionen Mark erhöhte, während sich die Unkosten im gleichen Zeitraum mehr als verdoppelten.

Steigende Unkosten und sinkende Nettogewinne waren jedoch keineswegs spezifische Probleme der Württembergischen Vereinsbank, vielmehr war das ganze Kreditgewerbe in starkem Maße davon betroffen. Vor allem zahlreiche private Bankhäuser gerieten unter Druck und gaben ihre Geschäftstätigkeit auf. Der durch die Kriegswirtschaft auf diese Weise geförderte Konzentrationsprozess im Bankwesen wurde auch von der Württembergischen Vereinsbank durch die Übernahme einiger Privatbankhäuser mitgetragen.

Depotbuchhaltung und Korrespondenzabteilung der 1919 eröffneten Filiale Esslingen der Württembergischen Vereinsbank. Sie entstand durch die Übernahme der Bankkommandite Ottenbacher & Co., an der die Württembergische Vereinsbank ab 1906 beteiligt war.

Die Disconto-Gesellschaft, schärfste Konkurrentin der Deutschen Bank, war ab 1919 mit einer Filiale in Stuttgart in der Büchsenstraße 19 vertreten. Sie übernahm das 1795 gegründete Bankhaus Stahl & Federer.

Zwischen 1914 und 1922 übernahm sie neun Privatbanken und erweiterte dadurch ihr Filialnetz. Ende 1922 besaß die Württembergische Vereinsbank Filialen in Aalen, Biberach, Cannstatt, Ebingen, Esslingen, Freudenstadt, Göppingen, Heidenheim, Heilbronn, Leutkirch, Ludwigsburg, Mergentheim, Ravensburg, Reutlingen, Rottweil, Schwäbisch Gmünd, Tübingen, Tuttlingen und Ulm. Daneben unterhielt sie Depositenkassen in Stuttgart, Böblinger Straße 115, Königsstraße 72 und Landhausstraße 181, ferner in Bopfingen, Crailsheim, Ellwangen, Feuerbach, Friedrichshafen, Giengen an der Brenz, Hechingen, Horb am Neckar, Isny, Waiblingen, Wangen und Zuffenhausen sowie eine Agentur in Kornwestheim.

Auffallend ist, dass um den Ersten Weltkrieg alle Berliner Großbanken ihre Position am Bankplatz Stuttgart zu stärken suchten. Ein Grund dafür dürfte vor allem in der aufstrebenden württembergischen Industrie zu suchen sein, die Stuttgart als zentralen Bankplatz in Württemberg für die Großbanken attraktiver machte. Die Dresdner Bank war ab 1910, die Bank für Handel und Industrie ab 1917, die Commerzbank und die Disconto-Gesellschaft ab 1919 hier vertreten. Die Präsenz ihrer Berliner Konkurrenten in Stuttgart erhöhte den Druck auf die Deutsche Bank, die Württembergische Vereinsbank enger an sich zu binden, was schließlich mit der Fusion Ende 1924 gelang.

2. Die Rheinische Creditbank, 1870–1929

Gründung und Expansion im Kaiserreich

Unbestrittenes Wirtschafts- und Finanzzentrum Badens war ab Mitte des 19. Jahrhunderts die Stadt Mannheim. Die einstige kurpfälzische Residenzstadt war durch die staatliche Neugliederung 1803 in eine Randlage als Grenzstadt des neu gebildeten Großherzogtums Baden geraten. Von einem Teil ihres Hinterlandes, der Pfalz, die zu Bayern gehörte, war sie wirtschaftlich abgetrennt. Der Beitritt Badens zum Deutschen Zollverein 1835, die Eröffnung des Rheinhafens 1840 und der Anschluss an die Eisenbahn im selben Jahr führten aber zu einem Aufschwung von Handel und Verkehr.

oben: Der Mannheimer Industriehafen im Jahr 1913.

Der Politiker Friedrich Reiß (links) und der Staatsrechtler Johann Caspar Bluntschli gehörten zu den wichtigsten Wegbereitern der Rheinischen Creditbank, die sich der Finanzierung der badischen Industrie und des Handels widmen sollten.

Die Zeit zwischen 1860 und 1914 war in Mannheim – ebenso wie im übrigen Deutschland – eine Epoche intensiver Industrialisierung. Zu der bisher tonangebenden Gruppe der Mannheimer Kaufleute, die durch den Handel groß geworden war, kamen jetzt Industrielle und Finanziers neuen Stils. Aus der einstigen Residenzstadt und späteren Handelsmetropole wurde nun die Industriestadt, die „badische Fabrik". Gegen Ende des 19. Jahrhunderts hatte die industrielle

Entwicklung Mannheims den Handel überholt. Die Einführung der Gewerbefreiheit in Baden 1862 begünstigte diesen Prozess. Die Gründungswelle neuer Unternehmen, die zwischen 1867 und 1873 über weite Teile Deutschlands hinwegging, war auch in Mannheim deutlich zu spüren. Das Gründungsfieber hatte die Stadt erfasst. Zu den neu ins Leben gerufenen Unternehmen zählten auch Banken wie die Rheinische Creditbank.

Ihre Gründung trieben im Mai 1870 drei Persönlichkeiten voran: Friedrich Reiß, Johann Caspar Bluntschli und Kilian Steiner. Friedrich Reiß wurde 1848 Mitglied des Mannheimer Bürgerausschusses und war von 1849 bis 1851 Oberbürgermeister der Stadt. Er hatte bereits an der Entstehung der Badischen Bank und der BASF sowie bei weiteren Industrieprojekten mitgewirkt und sich große Verdienste um die wirtschaftliche Entwicklung Mannheims erworben. Reiß verfolgte damals die Idee, dass neben der Badischen Bank als Notenbank eine starke Aktienbank entstehen müsse, die vor allem das Depositen- und Kontokorrentgeschäft sowie das Gründungs- und Emissionsgeschäft betreiben sollte. Genau diesen Aufgaben widmete sich die Rheinische Creditbank.

Reiß wurde unterstützt von dem berühmten Staatsrechtler Johann Caspar Bluntschli, der aus einer alteingesessenen Zürcher Familie stammte und ab 1861 an der Universität Hei-delberg lehrte. Der Dritte im Gründerkreis war der Bankier Kilian Steiner, der nur ein Jahr zuvor die Württembergische Vereinsbank in Stuttgart mitbegründet hatte.

Das Engagement für die Durchsetzung der Aktienbank in Baden basierte auf einem gemeinsamen politischen Fundament. Die politische Heimat der Gründer war der Nationalliberalismus, der ab Mitte der 1860er-Jahre wirtschaftsliberale Positionen mit Bismarcks „kleindeutscher Lösung" der deutschen Frage verband. Caspar Bluntschli und Carl Eckhard, die später an der Spitze der Rheinischen Creditbank stehen sollten, gehörten sogar zu den Mitbegründern der Nationalliberalen Partei in Baden.

Das Aktienkapital der Rheinischen Creditbank betrug üppige 18 Millionen Mark. Zum Vergleich: Die im gleichen Jahr gegründete Deutsche Bank verfügte über ein Grundkapital von 15 Millionen Mark oder 5 Millionen Talern. Zu den ersten Aktionären gehörten neben den Gründern zahlreiche badische Unternehmen, die Basler Handelsbank und die Deutsche Bank. Die dem Publikum angebotenen Aktien der Creditbank waren gefragt und wurden vielfach überzeichnet.

Mitte Oktober 1870 nahm die Rheinische Creditbank ihre Tätigkeit. Sie stand unter der Leitung von Carl Eckhard, dem Delegierten des

Die Heidelberger Filiale der Rheinischen Creditbank wurde 1874 eröffnet.

und seiner Verhaftung schloss man ihn zeitweise von der Bekleidung eines Staatsamtes aus. Eckhard arbeitete als Anwalt in Mannheim und Offenburg und war ab 1861 Abgeordneter in der zweiten badischen Kammer, später deren Vizepräsident. Die ihm angebotenen staatlichen und kommunalen Posten lehnte er jedoch ab und zog eine unabhängige Tätigkeit vor. Als Mitbegründer der Nationalliberalen Partei in Baden trat er für die Einigung Deutschlands unter preußischer Führung ein und wurde 1871 in den Reichstag gewählt. Sein Mandat legte Eckhard 1874 nieder, da er sich voll auf seine Arbeit im Vorstand der Rheinischen Creditbank konzentrieren wollte. 1882 übernahm Eckhard den Vorsitz des Aufsichtsrats der Creditbank, den er bis 1902 innehatte.

Unter seiner Führung liefen die Geschäfte der Rheinischen Creditbank gut, nicht zuletzt beflügelt durch den Wirtschaftsboom der „Gründerjahre". Schon 1871 konnte sie gemeinsam mit der befreundeten Württembergischen Vereinsbank in Stuttgart mehrere große Geschäfte realisieren, wobei die Gründungen der Deutschen Vereinsbank in Frankfurt am Main, der Bank für Elsass und Lothringen in Straßburg und vor allem der Rheinischen Hypothekenbank in Mannheim am bedeutendsten waren. In rascher Folge kamen auch Filialen in den wichtigsten Städten hinzu: 1871 in Freiburg, 1872 in Karlsruhe, 1873 in Konstanz und 1874 in Heidelberg.

Aufsichtsrats im Vorstand, sowie den beiden Vorstandsmitgliedern Carl Funck und Robert Bassermann. Zunächst beschränkte sich die Bank darauf, die Stadt Mannheim sowie Handel und Industrie vor Ort mit notwendigen Krediten zu versorgen.

Carl Eckhard, die führende Persönlichkeit im Vorstand der Rheinischen Creditbank in den ersten Jahren, trat nach juristischem Studium zunächst in den badischen Staatsdienst ein und wurde im Revolutionsjahr 1849 in die provisorische Regierung des Seekreises nach Konstanz berufen. Nach dem Scheitern der Revolution

Zentrale der Rheinischen
Creditbank in Mannheim
in B 4, 2 um 1905.

Die Ende 1873 einsetzende Gründerkrise beeinträchtigte die Entwicklung der Creditbank nicht ernsthaft, wurde aber dem Pfälzischen Bankverein, der 1871 gegründeten Konkurrenz, zum Verhängnis. So konnte die Rheinische Creditbank 1874 den Bankverein übernehmen und dadurch ihr Geschäft erheblich erweitern sowie wertvolle Verbindungen in die linksrheinische bayerische Pfalz knüpfen.

Durch diese Fusion gelangte auch das Mannheimer Gebäude des Pfälzischen Bankvereins, in B 4, 2, in den Besitz der Rheinischen Creditbank.

Die Bank ließ das alte Haus abreißen und von den Frankfurter Architekten Carl Mylius und Alfred Friedrich Bluntschli, Sohn des Bankgründers Johann Caspar Bluntschli, ein repräsentatives neues Bankgebäude erbauen, das 1880 bezogen werden konnte. Im Erdgeschoss waren Wohnungen für Bedienstete untergebracht, den ersten Stock bezog die Rheinische Creditbank. Der zweite Stock wurde an die Rheinische Hypothekenbank vermietet. 1905 erwarb die Rheinische Creditbank von der Rheinischen Hypothekenbank die angrenzenden Häuser und Grundstücke B 4, 3, 9 und 10, um sie in den folgenden Jahren

Die Innenräume des Hauptgebäudes der Rheinischen Creditbank
waren repräsentativ ausgestattet.

neu oder umzubauen. Die Innenräume wurden prächtig ausgestattet und die Tresor- und Safeanlagen nach neuesten Sicherheitsrichtlinien gestaltet. Der Mannheimer Architekt Albert Speer, der Vater des späteren Reichsministers für Bewaffnung und Munition im „Dritten Reich", wirkte an diesen Arbeiten mit. Die räumliche Expansion ging auch nach dem Ersten Weltkrieg weiter. Die Creditbank kaufte weitere umliegende Grundstücke hinzu und errichtete Neu- und Anbauten.

Im ersten Jahrzehnt ihres Bestehens gelang der Rheinischen Creditbank der Einstieg in das Emissions- und Konsortialgeschäft großen Stils. Partner waren die Disconto-Gesellschaft in Berlin, die Bankhäuser Rothschild in Frankfurt und Ladenburg in Mannheim sowie Schweizer und Wiener Banken. Bis zur Jahrhundertwende konnten diese Transaktionen weiter gesteigert werden, wobei sich der Rentenhandel und das Emissionsgeschäft mit ausländischen Werten besonders positiv entwickelten.

Bis ins Jahr 1899 gehen auch die Geschäftsbeziehungen der Rheinischen Creditbank zu einem Unternehmen zurück, das später im Verbund mit seinem Fusionspartner aus Stuttgart Weltgeltung erlangen sollte. Die Rede ist von der Firma Benz & Co. Rheinische Gasmotorenfabrik, die 1883 in Mannheim entstand. Nachdem Karl Benz zunächst Zweitaktmoto-

OBERRHEINISCHE BANK
Centrale in Mannheim.

Niederlassungen in:
Freiburg i. B., Heidelberg, Karlsruhe, Strassburg i. E.
Filialen in Baden-Baden und Rastatt
und Depositenkasse in Ludwigshafen a/Rh.

Capital Mk. 15,000,000
Reservefonds Mk. 2,000,000

Telegramm-Adresse: Rheinbank.

Giro-Conto bei der Reichsbank,
der Bayerischen Notenbank und der
Frankfurter Bank.

Mannheim, den 4. Januar 1899.

Deutsche Bank
Secretariat

Berlin.

In Sachen Benz & Co.

Wir empfingen Ihr gefl. Schreiben vom 3. crt. sowie
in der Anlage das des Herrn Max Nathan an Ihren Herrn Proku-
risten Seelig vom 2. crt. das wir Ihnen anbei wieder behän-
digen.

Wir können Ihnen hierzu berichten, dass die Firma
Benz in der Motorenbranche sehr bedeutend ist und die ange-
gebenen Gewinne wahrscheinlich erzielt hat. Herr Benz ist ein
sehr erfinderischer Kopf und wir glauben, dass er seine Fabrik, ungeachtet ev. möglicher Veränderungen in dieser Branche
besonders durch Anwachsen der Konkurrenz (Kleyer etc.) auf dg
Höhe halten wird, so dass wir, falls die Anforderungen zur
Gründung nicht zu hoch sind, dem Unternehmen gerne näher tre-
ten. Wir haben dasselbe in diesem Sinne bereits seit 2 Monaten bearbeitet; unser Präsident, Herr Geh. Commerzienrat Dif-
fené, hat vor einiger Zeit bei einem der Teilhaber dieserhalb
sondirtund sind die Verhandlungen noch in der Schwebe.

Wir richten nun an Sie die erg. Anfrage, ob Sie den
erwähnten Agenten, Herrn Max Nathan, für so einflussreich
halten

Schreiben der Oberrheinischen Bank in Mannheim an die Deutsche Bank in Berlin von 4. Januar 1899, in dem sie Karl Benz einen „erfinderischen Kopf" nennt und ein Engagement bei der geplanten Gründung der Benz & Cie. Rheinische Gasmotorenfabrik AG empfiehlt.

ren herstellte, erhielt er 1886 das Patent für seinen berühmten Motorwagen. Es war die Geburtsstunde des Automobils. In weniger als einem Jahrzehnt verkaufte Benz rund 1.700 dieser Fahrzeuge und schuf ein Unternehmen, das fast ohne fremdes Kapital auskam. Doch die wachsenden Produktionskapazitäten wie auch die Frage der zukünftigen Kapitalbeschaffung machten eine Neuordnung der Kapitalverhältnisse durch die Umwandlung in eine Aktiengesellschaft notwendig. Unter Mitwirkung der Rheinischen Creditbank und der Oberrheinischen Bank wurde am 8. Juni 1899 die Umgründung in die Benz & Cie. Rheinische Gasmotorenfabrik AG vollzogen. Die Creditbank war im neuen Aufsichtsrat durch ihr Vorstandsmitglied Richard Brosien vertreten, der 1908 auch den Vorsitz in diesem Gremium übernahm.

Interessengemeinschaften mit der Deutschen Bank und der Pfälzischen Bank

Ende 1904 fusionierte die Rheinische Creditbank mit der Oberrheinischen Bank, die durch den Zusammenbruch der Aktiengesellschaft für chemische Industrie in Mannheim stark in Mitleidenschaft gezogen worden war. An dieser Verschmelzung war auch die Deutsche Bank als Aktionärin der erst 1896 durch Umwandlung des Bankhauses Koester's Bank AG entstandenen Oberrheinischen Bank beteiligt. Sie erlangte dadurch einen geringen Anteil am Aktienkapital der Rheinischen Creditbank.

Zugleich sicherte sich die Deutsche Bank durch eine Interessengemeinschaft mit der Creditbank einen dauerhaften Einfluss auf das Mannheimer Institut und gewann Zugang zu einer Region, in der sie bislang nicht vertreten war. Bekräftigt wurde die freundschaftliche Zusammenarbeit zwischen Berlin und Mannheim durch den Eintritt zweier Vorstandsmitglieder der Deutschen Bank, Rudolph Koch und Ludwig Roland-Lücke, in den Aufsichtsrat der Rheinischen Creditbank, während der Aufsichtsratsvorsitzende der Creditbank, Carl Reiß, und ihr Vorstandsmitglied Richard Brosien in den Aufsichtsrat der Deutschen Bank aufgenommen wurden.

Durch diese Kooperation verfügte die Rheinische Creditbank nun über direkte Verbindungen zur führenden Berliner Großbank. War der Geschäftskreis der Bank bislang vor allem auf den südwestdeutschen Raum begrenzt, so wurde sie nunmehr stärker in das nationale und internationale Geschäft einbezogen.

Eine weitere Interessengemeinschaft ging die Rheinische Creditbank 1911 mit der Pfälzischen Bank in Ludwigshafen ein, ihrer schärfsten Konkurrentin auf linksrheinischem Gebiet. Es war eine

Zentrale der Oberrheinischen Bank in Mannheim, die 1896 durch Umwandlung des Bankhauses Koester's Bank AG entstand und bereits 1904 mit der Rheinischen Creditbank fusionierte.

Carl Reiß, ab 1902 Aufsichtsratsvorsitzender der Rheinischen Creditbank, war von 1905 bis zu seinem Tod 1914 auch im Aufsichtsrat der Deutschen Bank vertreten.

Aktion, die von der *Frankfurter Zeitung* als „eine energische Ausdehnung des Konzerns der Deutschen Bank in Süddeutschland" interpretiert wurde.[12] In der Tat stieg die Rheinische Creditbank nach dem Abschluss dieser Interessengemeinschaft zum dominierenden Kreditinstitut in Baden, im Elsass und in der bayerischen Pfalz auf. Herzstück ihrer Geschäftsbeziehungen waren vor allem ihre zahlreichen bedeutenden Industriekontakte im Raum Mannheim und Ludwigshafen. Die Bedeutung der Creditbank manifestierte sich auch an der Zahl ihrer Geschäftsbeziehungen, so unterhielt sie rund 7.300 Kontokorrentverbindungen vor allem mit Firmen, aber auch mit vermögenden Privatkunden, die die Basis für anschließende Konsortial- und Emissionsgeschäfte bildeten. Bei 47 Aktiengesellschaften saßen Vertreter der Rheinischen Creditbank im Aufsichtsrat und stellten vielfach den Vorsitzenden. Dabei handelte es sich vorwiegend um Maschinenbaubetriebe, chemische Fabriken, Brauereien sowie Banken und Versicherungen. Unter ihnen waren so renommierte Firmen wie BASF, Benz, Portland Cement-Werke und Heinrich Lanz.

Kriegs- und Krisenjahre

Mit dem Ersten Weltkrieg kam der im Südwesten Deutschlands vor allem von der Rheinischen Creditbank getragene Konzentrationsprozess im Bankwesen vorläufig zum Stillstand. Die gesamte Kreditwirtschaft war bestrebt, die zurückgehende Kreditnachfrage und die rückläufigen Umsätze durch die Übernahme von Anleihen und verzinslichen Schatzanweisungen des Reichs und der Bundesstaaten zu kompensieren.

Dabei stand die Rheinische Creditbank noch relativ gut da. Zwar musste sie bei der Schmuckindustrie in Pforzheim, die völlig darniederlag, beim Hotelwesen im Schwarzwald und bei der Bau-

Fabrikgelände des 1859 gegründeten Landmaschinen- und Lokomotivenherstellers Heinrich Lanz in der Schwetzingerstadt in Mannheim.

industrie empfindliche Einbußen verkraften, andererseits kam es der Bank zugute, dass ein großer Teil ihrer Schuldner mit Kriegsaufträgen bedacht wurde. Carl Michalowsky, Vorstandsmitglied der Deutschen Bank und im Aufsichtsrat der Rheinischen Creditbank vertreten, unterrichtete darüber seine Vorstandskollegen in allen Einzelheiten: „Es ist eine Tatsache, dass eine große Reihe von Industrien, die zur Kundschaft der R.[heinischen] C.[reditbank] zählen, von Kriegslieferungen außerordentliche Vorteile ziehen, so die großen Getreidehändler, Mühlenwerke, Tabak- und Zigarren-Fabriken, Konserven-Fabriken, Spinnereien/Webereien, Jute-Industrie und Sackhändler, Gerbereien und Schuhfabriken, Viehhändler, Fabriken für sanitäre Einrichtungen, Fabriken für pharmazeutische Präparate, Dünger-Fabriken, Fabriken für Eisenbahnbedarfsartikel, Aviatik und Luftschiffahrt (Schütte-Lanz), Benz Automobile usw."[13]

Das Werk in Gaggenau kam 1907 mit der Übernahme der Süddeutschen Automobil-Fabrik
zu Benz & Cie. An diesem Standort wurden vor
allem der LKW- und Omnibusbau konzentriert.

1918/19 setzte die Rheinische Creditbank ihre regionale Expansion fort.
Sie eröffnete weitere vier Niederlassungen und übernahm acht Bankin-
stitute in Baden, darunter das im Jahre 1792 gegründete Mannheimer
Bankhaus H. L. Hohenemser & Söhne. Durch die Abtretung von Elsass-
Lothringen an Frankreich verlor die Creditbank jedoch ihre Filialen in
Straßburg und Mühlhausen.

Zu einschneidenden Veränderungen kam es 1921: Die Pfälzische Bank geriet in Zahlungsschwierigkeiten, ausgelöst durch Devisenspekulationen ihrer Münchner Filiale. Nur durch das sofortige Eingreifen der Deutschen Bank und der Rheinischen Creditbank, die die Verluste übernahmen, konnte ein Zusammenbruch der Bank mit unabsehbaren Folgen für die Wirtschaft Süddeutschlands verhindert werden. Damit war jedoch auch die 1911 eingegangene Interessengemeinschaft zwischen Rheinischer Creditbank und Pfälzischer Bank erloschen.

Die Pfälzische Bank wurde liquidiert. Ihre Zweigstellen in Frankfurt am Main und in Bayern, d. h. in München, Nürnberg, Bamberg und Fürth, übernahm die Deutsche Bank, alle übrigen Niederlassungen die Rheinische Creditbank. Um die Übernahme finanzieren zu können, erhöhte die Creditbank ihr Aktienkapital um 120 Millionen Mark, was eine Verdoppelung bedeutete. Aktien über 90 Millionen Mark übernahm die Deutsche Bank, wodurch sie die Mehrheit des Aktienkapitals erhielt. Dies bedeutete zugleich eine deutliche Machtverschiebung zugunsten der Berliner Großbank.

Die Rheinische Creditbank übernahm mit dem Filialnetz der Pfälzischen Bank nochmals 50 Niederlassungen. Dadurch konnte die Bank zwar ihr Geschäftsfeld deutlich ausdehnen, doch zugleich erhöhte sich ihr Verwaltungsaufwand beträchtlich. Erschwert wurde die Einbindung der neuen Filialen durch die französische Besetzung des linken Rheinufers. Vor allem auf dem Höhepunkt des Ruhrkampfes im Sommer 1923 waren die Filialen in der Pfalz fast völlig abgeschnitten von der Mannheimer Zentrale.

Nachdem die Bilanzsumme Ende 1923 auf die fantastische Höhe von 33 Trillionen Mark angestiegen war, wurde mit der Goldmarkeröffnungsbilanz ein drastischer Schnitt vollzogen. Die Bilanzsumme belief sich darin nur noch auf 52,44 Millionen Goldmark. Das Aktienkapital, das zuletzt 420 Millionen Mark betragen hatte, wurde auf 16,8 Millionen Goldmark herabgesetzt.

Siegelmarke der Rheinischen Creditbank Filiale Straßburg. Die Niederlassung, die 1899 aus dem Straßburger Bankhaus Kauffmann, Engelhorn & Co. hervorgegangen war, musste nach dem Ende des Ersten Weltkriegs geschlossen werden.

Mitarbeiterinnen und Mitarbeiter der Buchhaltung der Rheinischen Creditbank Depositenkasse P 7, 15 in Mannheim im Jahr 1924.

Mit der Währungssanierung ging auch ein deutlicher Abbau des Personals und der Geschäftsstellen der Rheinischen Creditbank einher. Schon 1924 sank die Zahl der Angestellten auf 1.680, nachdem in der Inflationszeit zwischenzeitlich bis zu 5.000 Personen beschäftigt worden waren. Auch in den folgenden Jahren wurde der Personalabbau, wenn auch deutlich verlangsamt, fortgesetzt. Anfang 1927 wurde mit 1.500 Beschäftigten der Vorkriegsstand erreicht. Zugleich war die Zahl der Zweigstellen von mehr als 100 im Jahr 1922 auf 41 gesunken. Trotz dieser drastischen Rationalisierungsmaßnahmen, die unter den Angestellten große Unruhe auslösten, konnte der Verwaltungsaufwand, der einschließlich Steuern vor dem Krieg bei 35 Prozent des Bruttogewinns gelegen hatte, nicht entscheidend reduziert werden. Die Unkosten und Steuern machten Ende der 1920er-Jahre 75 bis 80 Prozent des Bruttogewinns aus. Auch der Abstand zum schärfsten Konkurrenten der Rheinischen Creditbank, der Süddeutschen Disconto-Gesellschaft, hatte sich durch Krieg und Inflation stark verringert.

Bereits im Mai 1924 begann Carl Michalowsky, einer der Vertreter der Deutschen Bank im Aufsichtsrat der Rheinischen Creditbank, vorsichtig in Richtung einer Fusion zwischen den beiden Mannheimer Instituten vorzufühlen. Die Idee stieß allerdings bei der Süddeutschen Disconto-Gesellschaft auf mehr Sympathie als bei der Rheinischen Creditbank. Ende 1924 vermutete Michalowsky jedoch, dass sich das maßgebliche Vorstandsmitglied der Creditbank, Carl Jahr, „bereits auf den Gedanken einer Fusion" eingestellt habe.[14] Die Deutsche Bank engagierte sich vor allem für eine Fusion zwischen den beiden Mannheimer Banken, weil sie die Geschäftsentwicklung nach der Währungsstabilisierung als unbefriedigend empfand. Insbesondere rügte sie, dass die Ausleihungen der Creditbank ihre Einlagen um rund 13 Millionen Mark überstiegen. Dieses Missverhältnis entstand, weil die langjährigen Industriekunden händeringend nach Kredit verlangten, die Einlagen jedoch mit dieser Nachfrage nicht Schritt halten konnten.

Da sich an diesem Grundproblem bis Mitte 1927 nichts änderte und auch die Fusionsüberlegungen im Sand verlaufen waren, übte Michalowsky gegenüber Jahr scharfe Kritik an der Geschäftspraxis der Creditbank: „Ist es an sich schon ungesund, wenn der reguläre Zuwachs an Kreditoren ausschließlich zur Gewährung von Krediten an die Kundschaft benutzt wird, so muss es aber geradezu bedenklich erscheinen, Kredite zu bewilligen, wenn die Mittel erst auf dem Leihwege beschafft werden müssen. Sie sind aber sogar noch weiter gegangen, indem Sie Ihre schon am Jahresende knappen liquiden Mittel zur weiteren Festlegung in Debitoren verwandt haben."

Michalowsky schloss die dringende Empfehlung an, den Bestand an Debitoren durch Kündigung der unlohnenden und bedenklichen Kredite zu reduzieren, um die Liquidität zu verbessern, „damit, falls die Verhältnisse auf dem Kapitalmarkt sich weiter verschlechtern und unsere wirtschaftliche Lage einer Krise entgegengehen sollte, Sie Ihre Hände frei haben und Ihrer Konkurrenz einen Schritt voraus sind".[15]

Die Entscheidung über die Zukunft der Rheinischen Creditbank wie auch ihrer Konkurrentin, der Süddeutschen Disconto-Gesellschaft, fiel, wie bereits erwähnt, im Herbst 1929. In die Fusion der zwei Berliner Großbanken waren auch die beiden Mannheimer Regionalbanken eingebunden. Die Aktien der Creditbank wurden im Verhältnis 4 : 3 in Aktien der Deutschen Bank umgetauscht. Die ehemalige Zentrale der Rheinischen Creditbank firmierte fortan als Deutsche Bank und Disconto-Gesellschaft Filiale Mannheim. Der Name Rheinische Creditbank verschwand nach fast 60 Jahren aus der Bankenwelt.

3. Die Süddeutsche Disconto-Gesellschaft, 1905–1929

Carl Ladenburg (1827–1909) war bis 1905 Seniorchef des Bankhauses W. H. Ladenburg & Söhne, dessen Überleitung auf die Süddeutsche Disconto-Gesellschaft er noch selbst betrieb.

Die Gründung der Süddeutschen Disconto-Gesellschaft in Mannheim war in zweifacher Hinsicht bemerkenswert: Zum einen geschah sie erst 1905, mehr als 30 Jahre nach der zweiten großen Gründungswelle im deutschen Aktienbankwesen, zum anderen entstand die Süddeutsche Disconto-Gesellschaft durch Umwandlung eines Privatbankhauses in eine Aktienbank, was ein eher unübliches Verfahren war. Durch den Gesellschaftsvertrag vom 25. Januar 1905 wurde das Mannheimer Bankhaus W. H. Ladenburg & Söhne in die Süddeutsche Disconto-Gesellschaft AG überführt. Ihre Aufgabe war, die Bank- und Handelsgeschäfte aller Art der Firma Ladenburg fortzusetzen.

Das Aktienkapital von 20 Millionen Mark teilten sich die Familie Ladenburg, die 60 Prozent hielt, und die Disconto-Gesellschaft in Berlin, die 40 Prozent übernahm. Die Familie Ladenburg dominierte mit drei Vertretern, Carl, Ernst und August Ladenburg, den Aufsichtsrat.

Wie bereits der Name der neuen Bank aber schon andeutete, war die Süddeutsche Disconto-Gesellschaft dem Interessenbereich der Disconto-Gesellschaft zuzurechnen. Dieser Zusammenschluss hatte sich durch die guten Geschäftskontakte mit dem Bankhaus Ladenburg über Jahrzehnte hinweg entwickelt. Die Disconto-Gesellschaft war durch ihren Geschäftsinhaber Franz Urbig im Aufsichtsrat der Süddeutschen Disconto-Gesellschaft vertreten.

Das Geschäftshaus
in Mannheim, D 3, 14,
nutzte W. H. Ladenburg
& Söhne von 1830 bis
1905.

Hauptsitz der Disconto-Gesellschaft Unter den Linden in Berlin um 1900.

Franz Urbig, einer der Geschäftsinhaber der Disconto-Gesellschaft von 1902 bis 1929, vertrat die Interessen seiner Bank im Aufsichtsrat der Süddeutschen Disconto-Gesellschaft.

Der wachsende Einfluss der Deutschen Bank im südwestdeutschen Raum, der auf ihren Beziehungen zur Oberrheinischen Bank und zur Rheinischen Creditbank basierte, bestärkte die Disconto-Gesellschaft in dem Entschluss, ihren Einflussbereich ebenfalls nach Baden, in die Pfalz und ins Elsass auszudehnen. Trotz der Einbindung der neu gegründeten Aktienbank in den Konzern der Disconto-Gesellschaft konnte die Kontinuität gewahrt werden, indem neben der starken Vertretung der Familie Ladenburg im Aufsichtsrat auch drei der fünf Mitglieder des Vorstands – Eduard, Paul und Richard Ladenburg – von der Familie gestellt wurden. Dies war vor allem wichtig, um die für die Privatbankiers charakteristischen persönlichen Kundenkontakte weiter zu pflegen und mit Hilfe der nunmehr gesteigerten Kapitalkraft auszubauen. Auch gelang es, den beträchtlichen Zustrom an Einlagen, den schon Ladenburg verzeichnen konnte, aufrechtzuerhalten.

Bereits im ersten Geschäftsjahr begann die Süddeutsche Disconto-Gesellschaft, ihren Aktionsradius zu erweitern. Sie beteiligte sich kommanditistisch an der Frankfurter Bankfirma E. Ladenburg und errichtete 1905 Filialen in Pforzheim und Lahr. Weitere Niederlassungen folgten in den Jahren 1906 bis 1914 in Heidelberg, Freiburg, Landau, Bruchsal, Karlsruhe, Worms und Baden-Baden, wobei jeweils Privatbanken übernommen wurden.

Im Januar 1910 bezog die Süddeutsche Disconto-Gesellschaft ihr repräsentatives neues Bankgebäude in Mannheim, D 3, 15–16, das der Frankfurter Baukonzern Philipp Holzmann errichtet hatte. Das alte Ladenburg-Haus hatte dafür weichen müssen.

Die Zentrale der Süddeutschen Disconto-Gesellschaft in Mannheim wurde 1910 fertiggestellt.

Bank-Neubau der Süddeutschen Disconto-Gesellschaft A. G.   Freiburg i/B.

1906 eröffnete die Süddeutsche
Disconto-Gesellschaft ihre Filiale
in Freiburg.

Der Schwerpunkt der Geschäftstätigkeit der Süddeutschen Disconto-Gesellschaft lag auf dem Kontokorrentkredit, der bis 1914 zwischen 40 und 51 Prozent des gesamten Aktivgeschäfts ausmachte. Bei der Entwicklung ihres Kontokorrentgeschäfts konnte die Bank auf die gewachsenen Verbindungen zurückgreifen, die ihr Vorgängerinstitut kontinuierlich zu bedeutenden Industrie- und Handelsunternehmen in Baden geknüpft hatte. Ein besonderes Spezifikum war dabei die Finanzierung des Tabak- und Getreidegroßhandels.

Die Konsortialbeteiligungen und der Effektenhandel gehörten ebenfalls zum Kerngeschäft. Die Süddeutsche Disconto-Gesellschaft beteiligte sich an zahlreichen Emissionskonsortien, die zu etwa zwei Dritteln festverzinsliche und zu einem Drittel Dividendenpapiere an den deutschen Börsen platzierten. Auffallend an der Emissionstätigkeit war zweierlei: zum einen der relativ geringe Anteil an Werten jener Unternehmen, die im Kontokorrentverkehr mit der Bank standen, zum anderen die große Streuweite. Besonders kennzeichnend war der hohe Anteil an ausländischen Wertpapieren. Vor allem auf dem Eisenbahnsektor, bei dem von elf Emissionen neun ausländische Papiere waren, und auch bei den Staatsanleihen dominierten die ausländischen Wertpapiere. Die Bank beteiligte sich damit aktiv am deutschen Kapitalexport, der den deutschen Kapitalmarkt in den Jahren vor dem Ersten Weltkrieg maßgeblich kennzeichnete. Durch ihr breites Wertpapiergeschäft trug die Süddeutsche Disconto-Gesellschaft dazu bei, Mannheim zu einem der großen, auch international bekannten Plätze des Rentengeschäfts in Deutschland zu machen.

Firmenzeichen der Süddeutschen Disconto-Gesellschaft.

Während des Ersten Weltkriegs baute die Süddeutsche Disconto-Gesellschaft ihr Zweigstellennetz aus und eröffnete weitere acht Niederlassungen. Ihr Kontokorrentgeschäft wuchs, wobei die Finanzierung von Heereslieferungen eine maßgebliche Rolle spielte. Insgesamt war das Kreditgeschäft während des Kriegs aber von einem Umstellungsprozess gekennzeichnet. An die Stelle der Finanzierung der Industrie und des Handels, die aufgrund der hohen Liquidität immer weniger auf Bankkredite angewiesen waren, trat – ähnlich wie bei vielen Banken – die Kreditgewährung an öffentliche Körperschaften.

Die Expansion des Zweigstellennetzes ging auch nach dem Ende des Kriegs weiter. Ende 1922 verfügte die Süddeutsche Disconto-Gesellschaft mit 28 Filialen, 23 Depositenkassen, 19 Zahlstellen und sieben Wechselstuben über ein enges Niederlassungsnetz in Baden, der bayerischen Pfalz und dem französisch besetzten Saargebiet. Der Höhe-

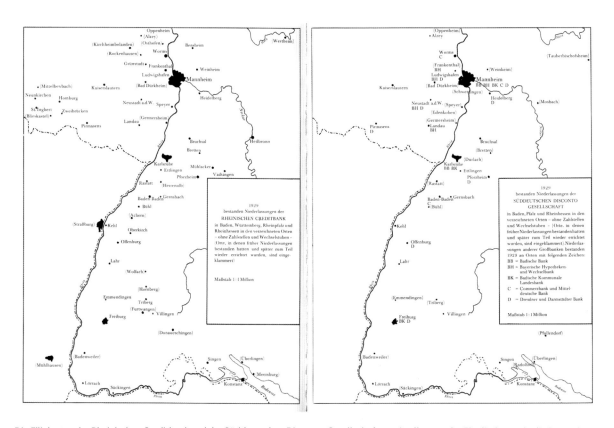

Die Filialnetze der Rheinischen Creditbank und der Süddeutschen Disconto-Gesellschaft unmittelbar vor der Eingliederung in die Deutsche Bank und Disconto-Gesellschaft 1929.

punkt der Expansion war jedoch überschritten. In den nächsten Monaten wurden 19 Niederlassungen geschlossen. Wie ihre Konkurrentin, die Rheinische Creditbank, war die Bank bemüht, ihre enorm gestiegenen Verwaltungskosten durch die Schließung der unrentabelsten Zweigstellen zu senken.

Die Beziehungen zur Disconto-Gesellschaft in Berlin, die von Anfang an sehr eng waren, wurden im Inflationsjahr 1922 durch personelle Verflechtungen weiter intensiviert. Zum einen schied Theodor Frank aus dem Vorstand der Süddeutschen Disconto-Gesellschaft aus, um einer der Geschäftsinhaber der Disconto-Gesellschaft zu werden. Zugleich trat er in den

Aufsichtsrat des Mannheimer Instituts ein. Da außerdem im gleichen Jahr auch Gustaf Schlieper in den Aufsichtsrat der Süddeutschen Disconto-Gesellschaft gewählt wurde, war die Disconto-Gesellschaft, die durch Franz Urbig bereits ab 1905 vertreten war, mit drei ihrer Geschäftsinhaber im Aufsichtsrat ihrer süddeutschen Tochter präsent.

Mit der Währungsstabilisierung, die Ende 1923 eingeleitet wurde, vollzog sich ein deutlicher Kapitalschnitt bei der Süddeutschen Disconto-Gesellschaft, die zuletzt ihr Aktienkapital mit 150 Millionen Mark ausgewiesen hatte. In der Goldmark-Eröffnungsbilanz belief es sich auf nur noch 15 Millionen Goldmark. Damit waren die Eigenmittel der Bank hinter das Niveau von 1905 zurückgefallen.

Dennoch war die Kapitalzusammenlegung der Süddeutschen Disconto-Gesellschaft im Vergleich zur Rheinischen Creditbank, die ihr Aktienkapital im Verhältnis von 1 : 25 umstellen musste, für ihre Aktionäre relativ günstig verlaufen. Das wichtigste Resultat dieser unterschiedlichen Umstellungsverhältnisse war jedoch, dass die Süddeutsche Disconto-Gesellschaft nicht nur hinsichtlich des Zweigstellennetzes, sondern auch hinsichtlich der Eigenkapitalausstattung zur Rheinischen Creditbank aufgeschlossen hatte. Sie begann, ihre langjährige Konkurrenz zu überflügeln. Ihr Aktienkurs lag in den 1920er-Jahren stets über

Theodor Frank stammte aus der Pfalz und kam nach der Banklehre zum Mannheimer Bankhaus W. H. Ladenburg & Söhne, das 1905 in der Süddeutschen Disconto-Gesellschaft aufging, wo er zum Vorstandsmitglied aufstieg. 1922 wurde er in den Kreis der Geschäftsinhaber der Disconto-Gesellschaft berufen und zog nach Berlin.

dem der Rheinischen Creditbank. Ende 1928 übertraf die Bilanzsumme der Süddeutschen Disconto-Gesellschaft die ihrer Konkurrentin um 5,5 Millionen RM.

Trotz der relativ gesunden betriebswirtschaftlichen Situation wurde die Süddeutsche Disconto-Gesellschaft im Oktober 1929 in die große Fusion zwischen den beiden führenden Berliner Großbanken einbezogen. Der ausschlaggebende Grund dafür war zweifellos ihre enge Verbindung zum Konzern der Disconto-Gesellschaft. Die Aktionäre erhielten Aktien der Deutschen Bank und Disconto-Gesellschaft über nominal 500 RM im Tausch gegen Aktien der Süddeutschen Disconto-Gesellschaft über nominal 600 RM.

drei

Die Deutsche Bank im Südwesten am Ende der Weimarer Republik und in der NS-Zeit, 1929 – 1945

1. Die Weltwirtschafts- und Bankenkrise

Kaum war die große Fusion zwischen Deutscher Bank und Disconto-Gesellschaft unter Dach und Fach, da brach am 25. Oktober 1929 in New York die Börse zusammen. Es begann ein weltweiter Konjunkturniedergang mit gravierenden deflatorischen Auswirkungen. Die deutschen Banken und Unternehmen konnten insbesondere den plötzlichen Abzug der kurzfristigen Auslandsgelder nicht verkraften, sodass es zu zahlreichen Firmenzusammenbrüchen kam. Zunächst waren nur kleine und mittlere Unternehmen betroffen, doch stellte sich bald heraus, dass auch die großen Banken und Firmen in den Strudel der Krise hineingezogen wurden. Die Folgen waren verheerend: Im Oktober 1930 gab es in Deutschland bereits 3,3 Millionen Arbeitslose; ihre Zahl stieg auf 4,3 Millionen im September 1931 und auf 5,1 Millionen im September 1932.

Die politischen Folgen zeigten sich bald. Als bei der Reichstagswahl im September 1930 die Zahl der Reichstagsabgeordneten der NSDAP von 12 auf 107 stieg, kam es im Inland, aber vor allem im Ausland, zu großer Unruhe, was zu weiteren Abzügen kurzfristiger Auslandsgelder in Deutschland führte. Die Finanzmärkte reagierten nach dem New Yorker Börsenkrach besonders empfindlich.

Als mit der andauernden Krise auch große Industrieunternehmen, allen voran die Norddeutsche Wollkämmerei und Kammgarnspinnerei in Bremen, bekannter unter dem Namen „Nordwolle", in Konkurs gingen, wurde die Lage für ihre kreditgebenden Banken bedrohlich. Nachdem die Reichsbank der Darmstädter und Nationalbank (DANAT-Bank), bei der die Nordwolle hoch verschuldet war, Refinanzierungskredite verweigerte und auch die Verhandlungen über eine Solidarhaftung der deutschen Großbanken zu keinen Ergebnissen führten, musste die DANAT-Bank am 13. Juli 1931 ihre Schalter schließen. Es begann ein Run auf die Banken. Vor den Kassen bildeten sich Trauben von Menschen, die alle ihr Geld abheben wollten. Für die DANAT-Bank setzte das Reich zunächst einen Treuhänder ein, bevor die Bank 1932 von der Dresdner Bank übernommen wurde.

Die Deutsche Bank und Disconto-Gesellschaft meisterte insgesamt von allen Großbanken

die Bankenkrise noch am besten. Ein großer Teil des Aktienkapitals der deutschen Großbanken – bei der Dresdner Bank mehr als 90 Prozent, bei der Commerzbank mehr als 60 Prozent – wurde damals vom Reich bzw. der 1924 errichteten staatlichen Golddiskontbank übernommen. Die Deutsche Bank und Disconto-Gesellschaft konnte weitgehend eine Übernahme ihres Kapitals durch das Reich vermeiden. Sie reduzierte bereits im November 1933 den 34-prozentigen Anteil der Golddiskontbank an ihrem Aktienkapital durch den Verkauf der durch die Fusion leer stehenden Berliner Bankgebäude an das Reich auf unter 25 Prozent. Auch die

Bankenkrise: Vor den geschlossenen Filialen der Darmstädter und Nationalbank bildeten sich am 13. Juli 1931 Menschentrauben.

restlichen Aktien von 50 Millionen RM konnte sie kurze Zeit später zurückerwerben.

Um die Jahreswende 1932/33 erreichte die Weltwirtschaftskrise in Deutschland ihren Höhepunkt. Ihre Auswirkungen trafen das Grenzland Baden dabei härter als das wirtschaftlich gefestigtere und sozial ausgeglichenere Württemberg. Die Arbeitslosigkeit erreichte mit rund 184.000 registrierten Erwerbslosen Ende Januar 1933 im stark krisengeschüttelten Baden den höchsten Stand während der Weltwirtschaftskrise. In Württemberg wurden rund 134.000 Arbeitslose registriert. Während damals im Reich auf 1.000 Einwohner 92 Arbeitslose kamen, waren es in Württemberg nicht ganz 50. Der Grund für diese geringere Quote war vor allem der hohe Anteil der Konsumgüterindustrie im Südwesten. Die weniger konjunkturanfällige Textil-, Nahrungs- und Genussmittelindustrie sorgte für eine relativ konstante Beschäftigung. Zwar sank die Zahl der Beschäftigten in der Metallverarbeitung sowie der elektronischen und feinmechanischen Industrie im Vergleich zu 1928 fast um die Hälfte, doch hohe Flexibilität der Klein- und Mittelbetriebe, regionale Streuung und Einbindung in ein agrarisches Umfeld sicherten „Rückzugspositionen", die sich in Krisenzeiten als stabilisierend erwiesen.

Von spektakulären Bankzusammenbrüchen blieb der Südwesten Deutschlands zwar verschont, doch durch die Ereignisse des Jahres 1931 wurde vor allem die Liquidität der Banken stark in Mitleidenschaft gezogen. Bei der Badischen Bank übernahm der badische Staat in der Bankenkrise 1931 die Mehrheit des Aktienkapitals. Er erwarb von der Deutschen Bank und Disconto-Gesellschaft das Paket an Badische-Bank-Aktien, das ihr im Zuge der Fusion mit der Süddeutschen Disconto-Gesellschaft zugefallen war. Im Zusammenhang mit dieser hohen Beteiligung nahm die Landesregierung ein aktives Aufsichtsrecht durch die Entsendung eines Staatskommissars in Anspruch. Nachdem sich der Schwerpunkt der Tätigkeit der Badischen Bank mehr und mehr auf den Verkehr mit den staatlichen Kassen und Dienststellen verlagert hatte, die sich zum größten Teil in Karlsruhe befanden, wurde 1932 ihr Sitz dorthin verlegt.

Auch für die Filialen der Deutschen Bank und Disconto-Gesellschaft in Württemberg und in Baden waren die Auswirkungen der großen Krise spürbar. In größerem Umfang waren Rückstellungen auf gewährte Kundenkredite erforderlich. Die Bank musste auch häufiger in Liquiditätsschwierigkeiten geratene Unternehmen mit neuen Krediten zur Seite stehen, ohne dass eine Aussicht auf regelmäßige Tilgung bestand. Grund genug für die Berliner Zentrale, die Kreditvergabe der Hauptfilialen streng zu überwachen. Alle Kredite über 100.000 RM mussten nach Berlin gemeldet und dort genehmigt werden.

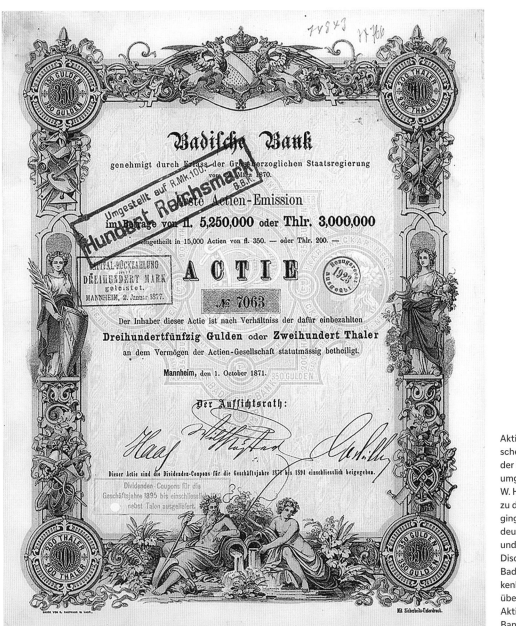

Aktie der 1870 gegründeten Badischen Bank in Mannheim, die nach der Hyperinflation auf 100 RM umgestellt wurde. Das Bankhaus W. H. Ladenburg & Söhne gehörte zu den Gründungsaktionären. 1905 ging dieses Aktienpaket an die Süddeutsche Disconto-Gesellschaft und 1929 an die Deutsche Bank und Disconto-Gesellschaft über. Als die Badische Bank während der Bankenkrise 1931 in Schieflage geriet, übernahm der badische Staat die Aktienmehrheit von der Deutschen Bank und Disconto-Gesellschaft.

2. Die Neuorganisation der Filialbezirke

An der Fusion, aus der im Oktober 1929 die Deutsche Bank und Disconto-Gesellschaft hervorging, waren im Südwesten drei über lange Zeit selbständige Regionalinstitute beteiligt, die in den Jahrzehnten ihrer erfolgreichen Tätigkeit eine eigene Identität entwickelt hatten. Diese Institutionen galt es, in die straffe Filialorganisation der Berliner Muttergesellschaft einzubringen, die nun über 289 Filialen und 177 Depositenkassen in ganz Deutschland verfügte. Dazu gehörte, dass die Firmierung der Filialen vereinheitlicht wurde. Sie lautet nunmehr „Deutsche Bank und Disconto-Gesellschaft Filiale" mit dem Zusatz des Ortsnamens. Auch in Stuttgart entfiel nun der Namensbestandteil „Württembergische Vereinsbank".

In Mannheim übernahm die Filiale den großzügigen Gebäudekomplex der Rheinischen Creditbank als Hauptsitz. Ab dem 11. November 1929 wurden die Kassen und die Abteilungen der Süddeutschen Disconto-Gesellschaft dorthin verlegt. Die Leitung der Hauptfiliale wurde fünf Direktoren übertragen, von denen drei aus dem Vorstand der Süddeutschen Disconto-Gesellschaft und zwei aus dem Vorstand der

„Deutsche Bank und Disconto-Gesellschaft" – wie hier über dem Eingang der Filiale Heidelberg – lautete von Ende 1929 bis Oktober 1937 die einheitliche Firmierung aller Filialen.

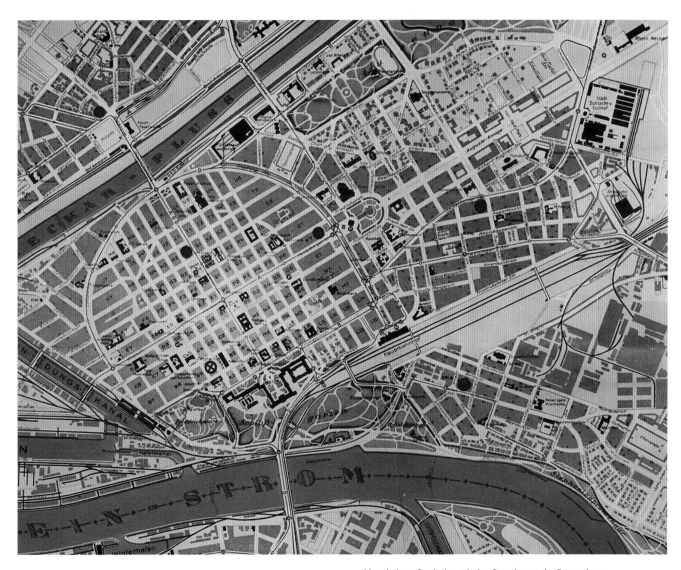

Mannheimer Stadtplan mit den Standorten der Deutschen Bank: Das Hauptgebäude in B 4, 2, die bisherige Zentrale der Rheinischen Creditbank, ist mit einem roten Kreuz, die fünf Depositenkassen mit roten Punkten markiert.

Rheinischen Creditbank kamen. Kurt Bassermann, Ludwig Fuld, Max Hesse, Ludwig Janda und Richard Kahn übernahmen die schwierige Aufgabe, die neue Hauptniederlassung zu einer Einheit zu formen.

Kurt Bassermann, Schwiegersohn des nationalliberalen Parteiführers und Reichstagsabgeordneten Ernst Bassermann, war zunächst Teilhaber des Bankhauses Bassermann & Co. in Mannheim. In den Jahren 1910 bis 1926 leitete er die Filiale Freiburg der Süddeutschen Disconto-Gesellschaft, von 1927 bis 1929 gehörte er dem Vorstand der Süddeutschen Disconto-Gesellschaft in Mannheim an. Nach zweijähriger Tätigkeit in der Filialleitung Mannheim übernahm Bassermann 1932 die Leitung der Hauptfiliale Freiburg, die er bis zu seinem Tod im Juli 1937 innehatte.

Ludwig Fuld war Vorstandsmitglied der Süddeutschen Disconto-Gesellschaft in den Jahren 1925 bis 1929, anschließend Direktor der Filiale Mannheim. 1935 musste er die Bank aufgrund seiner jüdischen Herkunft verlassen.

Max Hesse gehörte von 1907 bis 1929 dem Vorstand der Süddeutschen Disconto-Gesellschaft an. Im Zuge der organisatorischen Neugliederung des Filialbezirks schied er nach dreijähriger Tätigkeit 1931 aus der Mannheimer Direktion aus und wurde in den Badisch-Pfälzischen Beirat gewählt, dem er bis 1935 angehörte.

Ludwig Janda und Richard Kahn waren von 1925 bis 1929 im Vorstand der Rheinischen Creditbank tätig. Kahn verließ die Filialdirektion bereits 1930, Janda im Jahr 1936.

Die ehemaligen Filialen der beiden Institute in Baden, der Pfalz und Rheinhessen wurden zunächst der neuen Hauptfiliale Mannheim unterstellt. An 27 Standorten bestanden Filialen beider Regionalbanken, die nun zusammengelegt werden mussten. Dabei ging man so vor, dass das geeignetere Gebäude als Banklokal fortgeführt, das andere verkauft wurde.

Ende 1929 gliederte sich der Badisch-Pfälzische Filialbezirk mit seiner Kopfstelle in Mannheim folgendermaßen:

Hauptfiliale Mannheim

Filiale Baden-Baden
– Depositenkasse Bühl

Filiale Freiburg
– Depositenkasse Emmendingen
– Filiale Konstanz
– Zweigstelle Lahr
– Filiale Lörrach
– Depositenkasse Oberkirch
– Filiale Offenburg
– Depositenkasse Säckingen
– Zweigstelle Singen
– Zweigstelle Triberg
– Zahlstelle Furtwangen
– Filiale Villingen

Filiale Heidelberg
– Zweigstelle Bensheim
– Zahlstelle Eberbach
– Zweigstelle Weinheim

Filiale Kaiserslautern

Filiale Karlsruhe
– Depositenkasse Bretten
– Zweigstelle Bruchsal
– Depositenkasse Ettlingen
– Zweigstelle Gernsbach
– Filiale Kehl
– Depositenkasse Rastatt

Filiale Landau

Filiale Ludwigshafen
– Zweigstelle Bad Dürkheim
– Zweigstelle Frankenthal
– Filiale Speyer

Filiale Neustadt a. d. H.
– Zahlstelle Deidesheim
– Zahlstelle Maikammer

Filiale Pforzheim
– Depositenkasse Mühlacker

Filiale Pirmasens

Filiale Worms
– Zweigstelle Alzey

Filiale Zweibrücken
– Zweigstelle Homburg (Saar)
– Zweigstelle Neunkirchen (Saar)
– Zweigstelle St. Ingbert (Saar)

Werbefaltblatt der Deutschen Bank Filiale Mannheim um 1938.

Das Geschäft des Badisch-Pfälzischen Filialbezirks machte Ende 1929 etwa 10 Prozent des Gesamtgeschäfts der Deutschen Bank und Disconto-Gesellschaft aus. Er stand damit an zweiter Stelle und nur knapp hinter dem führenden Rheinisch-Westfälischen Bezirk.

1929 hatten die Rheinische Creditbank und die Süddeutsche Disconto-Gesellschaft zusammen 2.159 Angestellte beschäftigt. Im Folgejahr ging durch einen weitgehend fusionsbedingten Personalabbau im Badisch-Pfälzischen Bezirk

die Beschäftigtenzahl auf 1.945 zurück. Der Abbau im Jahr 1931, der die Zahl der Angestellten in der Region auf 1.392 verminderte, war dann weitgehend von der Bankenkrise verursacht. 1935 stieg die Mitarbeiterzahl wieder auf 1.491 und 1942 waren zwischen Mannheim und Freiburg 1.730 Angestellte für die Bank tätig, wobei bei der letzten Zahl berücksichtigt werden muss, dass von diesen Mitarbeitern 616 zum Heeresdienst eingezogen waren.

Aus organisatorischen Gründen wurde 1932 Südbaden aus dem Bezirk Mannheim ausgegliedert. Die dortigen Niederlassungen in Friedrichshafen, Konstanz, Lahr, Lörrach, Oberkirch, Offenburg, Säckingen, Singen, Triberg und Villingen wurden der neuen Hauptfiliale Freiburg unterstellt. Die Leitung der neuen Hauptfiliale übernahmen Kurt Bassermann und Ernst Frankl.

Außerdem wurden die drei Filialen, die ab 1919 in dem unter Völkerbundverwaltung stehenden Saargebiet lagen, der Hauptfiliale Saarbrücken angegliedert. Während des Zweiten Weltkriegs erweiterte sich der Filialbezirk Mannheim durch die 1940 eröffnete Filiale in Straßburg. Die im gleichen Jahr eröffnete Filiale im elsässischen Mülhausen wurde dem Filialbezirk Freiburg angegliedert.

Die Filialorganisation der Deutschen Bank im Südwesten war nach diesen Umstrukturierungen in drei Hauptfilialbezirke gegliedert: Stuttgart, Mannheim und Freiburg. Diese Struktur bestand in ihren Grundzügen bis 1996.

Zur Organisationsstruktur des in den 1920er-Jahren gewaltig gewachsenen Filialnetzes gehörte auch, dass ein Mitglied des Vorstands in Berlin neben seinem eigentlichen Fachressort auch für einen bestimmten Filialbezirk zuständig war. Im Fall von Stuttgart und Württemberg war dies bis zu seinem Ausscheiden aus dem Vorstand Emil Georg von Stauß. Ihm folgte

1933 Hans Rummel, der nach Filialstationen in Augsburg und München 1927 zur Berliner Filiale wechselte und sechs Jahre später in der Vorstand aufstieg.

Der Filialbezirk Baden-Pfalz wurde 1933 von Theodor Frank betreut, der 1922 aus dem Vorstand der Süddeutschen Disconto-Gesellschaft in die Geschäftsleitung der Disconto-Gesellschaft gewechselt war und nach der Fusion 1929 dem Vorstand des vereinten Instituts angehörte. Nach dessen politisch bedingtem Ausscheiden 1933 war Karl Ernst Sippell bis 1945 für Mannheim und den Badisch-Pfälzischen Bezirk zuständig. Er war wie Frank von der Disconto-Gesellschaft gekommen.

Um möglichst engen Kontakt zu den lokalen Kunden zu pflegen, wurde schon der ersten, 1871 eröffneten Filiale der Deutschen Bank in Bremen ein lokaler Ausschuss an die Seite gestellt. Nach diesem Modell wurde auch bei den hinzukommenden Filialen verfahren.

In Stuttgart wurde unmittelbar nach der Eingliederung der Württembergischen Vereinsbank der Württembergische Landesausschuss gebildet, dem insbesondere die bisherigen Aufsichtsratsmitglieder der Württembergischen Vereinsbank angehörten. Mit Otto Fischer übernahm ein früheres Vorstandsmitglied der Vereinsbank den Vorsitz des Ausschusses, den er bis Kriegsende 1945 innehatte.

Für das Tätigkeitsgebiet der bisherigen Rheinischen Creditbank und der Süddeutschen Disconto-Gesellschaft konstituierte sich schon Ende Oktober 1929 ein Badisch-Pfälzischer Ausschuss. Auch seine Mitglieder waren zumeist die bisherigen Aufsichtsräte der Süddeutschen Disconto-Gesellschaft und der Rheinischen Creditbank. Den Vorsitz übernahm Carl Jahr, der aus dem Vorstand der Rheinischen Creditbank ausschied, stellvertretende Vorsitzende waren Richard Brosien und Eduard Ladenburg, die bisher dem Vorstand der Süddeutschen Disconto-Gesellschaft angehört hatten. Jahr blieb ebenfalls bis Kriegsende in dieser Funktion.

3. Der Südwesten in der NS-Zeit

Die politische Situation

Die Weltwirtschaftskrise mit ihren sozialen Folgen hatte auch im Südwesten Deutschlands gravierende politische Auswirkungen. In Württemberg errangen die Nationalsozialisten bei den Landtagswahlen 1928 nur ein Mandat; nach der Landtagswahl vom April 1932 bildete die NSDAP jedoch mit 23 von 80 Sitzen die stärkste Fraktion im Stuttgarter Parlament. Eine Beteiligung an der Landesregierung scheiterte zunächst. Aufmärsche und Massendemonstrationen, Straßenschlachten und Saalkämpfe waren jetzt an der Tagesordnung.

Baden galt als eines der demokratisch stabilsten Länder der Weimarer Republik. SPD, Zentrum und die Deutsche Demokratische Partei (DDP; ab 1930 Deutsche Staatspartei), die staatstragenden Parteien der Weimarer Koalition, erreichten vor der Reichstagswahl 1932 stets mehr als 50 Prozent der Stimmen. Die Weltwirtschaftskrise und die hohe Arbeitslosigkeit führten freilich auch in Baden zu einer Radikalisierung der Bevölkerung. Stimmten bei der badischen Landtagswahl im Oktober 1929 nur 6,1 Prozent der Wähler für die NSDAP, so waren es bei der Reichstagswahl im Juli 1932 bereits 36,9 Prozent; die Kommunistische Partei erhielt 11,2 Prozent der Stimmen.

Am 30. Januar 1933 ernannte Reichspräsident von Hindenburg den Führer der Nationalsozialisten, Adolf Hitler, zum Reichskanzler. Mit der Verordnung des Reichspräsidenten zum Schutze von Volk und Staat vom 28. Februar, einen Tag nach dem Reichstagsbrand, verschaffte sich Hitler die Handhabe, Terror und Verfolgung zum Regierungsprinzip zu erheben. In der Reichstagswahl vom 5. März 1933 gaben 42 Prozent der württembergischen Wähler ihre Stimme der NSDAP. In Baden betrug der Stimmenanteil sogar 45,4 Prozent und lag damit über dem Durchschnitt im Reich von 43,9 Prozent.

Die auf der Basis des „Ermächtigungsgesetzes" vom 23. März 1933 ergehenden Gleichschaltungsgesetze des Reiches hoben Schritt für Schritt die demokratischen Strukturen auf. Anstelle der Staatspräsidenten der Länder wurden Reichsstatthalter eingesetzt, die den Regierungen übergeordnet und nur dem Reichskanzler verantwortlich waren. Am 5. Mai 1933 wurden

Belegschaft der Filiale Heilbronn der Deutschen Bank und Disconto-Gesellschaft beim Umzug zum 1. Mai 1933, der vom NS-Staat erstmals als nationaler Feiertag begannen wurde.

der NSDAP-Gauleiter Wilhelm Murr zum Reichsstatthalter für Württemberg und Gauleiter Robert Wagner zum Reichsstatthalter für Baden ernannt. Die Hoheitsrechte der Länder gingen mit der Auflösung der Landtage 1934 endgültig auf das Reich über.

In Stuttgart war bereits Ende März 1933 der Gemeinderat aufgelöst worden. Ab dem 16. März 1933 herrschte in der Landeshauptstadt der NS-Stadtrat Karl Strölin als Staatskommissar, bevor er am 1. Juli 1933 zum „Oberbürgermeister auf Lebenszeit" ernannt wurde. Am 12. März 1933 war auch der sozialdemokratische Mannheimer Oberbürgermeister Hermann Heimerich in „Schutzhaft" genommen worden. Drei Tage später setzte der kommissarische Polizeipräsident auf Anweisung der badischen NS-Regierung zwei Kommissare zur Kontrolle der Stadtverwaltung ein, darunter den Fabrikanten Carl Renninger, der am 15. Mai 1933 neuer Oberbürgermeister wurde.

Im Zeichen der Gleichschaltung: Am 1. November 1933 wurde nun unter nationalsozialistischen Vorzeichen in der Kundenhalle der Filiale Karlsruhe den Gefallenen des Ersten Weltkriegs gedacht.

Eine wesentliche Stärkung seiner Autorität erfuhr das nationalsozialistische System durch die schnelle Beseitigung der Arbeitslosigkeit. Bis Ende 1933 war die Zahl der Arbeitslosen auf vier Millionen gegenüber sechs Millionen zum Zeitpunkt der nationalsozialistischen Machtübernahme Anfang 1933 gesunken. Arbeitsbeschaffungsprogramm, Rüstung und Autarkiepolitik liefen von Anfang an als Kernstücke der nationalsozialistischen Wirtschaftspolitik nebeneinanderher und waren eng miteinander verflochten. Die Arbeitslosenzahl verringerte sich in den nachfolgenden Monaten weiter. Ab August 1937 konnte von Vollbeschäftigung gesprochen werden.

In Baden ging die Initialzündung zur Ankurbelung der Wirtschaft ab 1933 zunächst vom Baugewerbe und von der Verkehrsmittelindustrie aus. Aufträge der Reichsbahn, der Reichspost und des Luftfahrtministeriums förderten die konjunkturelle Entwicklung. Infolge seiner Grenzrandlage wurde Baden im Rahmen der Rüstungspolitik Hitlers jedoch weniger gefördert als etwa das benachbarte Württemberg. Obwohl im Laufe der Jahre Millionenaufträge der Reichsbahn und der Luftwaffe nach Baden vergeben wurden, besaß Württemberg Anfang 1939 fast das Dreifache an „kriegswichtigen" Betrieben, die eine bevorzugte Behandlung genossen.

Die Verdrängung der Juden aus der Wirtschaft

Am 1. April 1933 setzte die erste Phase der wirtschaftlichen Isolierung der jüdischen Bevölkerung mit einem eintägigen Boykott jüdischer Geschäfte ein. Durch die Nürnberger Gesetze sowie eine Vielzahl von Verordnungen wurde in der Phase ab 1935 die jüdische Bevölkerung mehr und mehr isoliert. Die Geschäftstätigkeit der jüdischen Unternehmen und Banken nahm in dieser Zeit ständig ab. Die antisemitische Politik der Regierung trat mit den Pogromen der sogenannten „Reichskristallnacht" vom 9./10. November 1938 in die dritte und entscheidende Phase ein. Jüdische Schulen und Synagogen, jüdische Geschäfte wurden zerstört und geplündert, Juden schwer misshandelt und in die Konzentrationslager verschleppt.

In Stuttgart und Mannheim konzentrierte sich das jüdische Leben im Südwesten Deutschlands. 1933 lebten rund 4.500 Juden in Stuttgart, das war rund die Hälfte der jüdischen Bevölkerung in Württemberg. In Mannheim lebten zur gleichen Zeit rund 6.400 Juden in einer blühenden jüdischen Gemeinde. In beiden Städten wie auch an vielen anderen Orten brannten NS-Kommandos am 9. und 10. November 1938 die Synagogen nieder. Die Feuerwehr verhinderte nur das Übergreifen auf die benachbarten Gebäude. Daneben wurden andere jüdische Einrichtungen und viele Ladengeschäfte demoliert und verwüstet.

In Baden-Baden wurde die Synagoge in der Reichspogromnacht niedergebrannt. Die Ruine wurde kurz danach abgebrochen.

Im April 1938 war bereits eine Verordnung über die Anmeldung jüdischer Vermögen erfolgt. Bis zum 30. Juni musste das gesamte in- und ausländische Vermögen sowie dessen Veränderung nach dem Stichtag gemeldet werden. Am 14. Juni 1938 folgte die dritte Verordnung zum Reichsbürgergesetz. Danach galten Betriebe als jüdisch, wenn ein Inhaber, ein persönlich haftender Gesellschafter, ein Geschäftsführer, Vorstand oder Aufsichtsrat Jude war oder wenn Juden nach Kapital oder Stimmrecht entscheidend beteiligt waren. Dieses letzte Gesetz führte zur Entlassung von zahlreichen jüdischen Geschäftsführern, Vorständen und Aufsichtsratsmitgliedern. Die Verordnung vom 12. November 1938 verfügte schließlich die „Zwangsarisierung" oder Auflösung aller jüdischen Geschäfte, Industrieunternehmen und Handwerksbetriebe.

Bankpolitik und Bankgeschäfte

Aus der Bankenkrise von 1931 hatten die Nationalsozialisten 1933 zunächst die Überzeugung abgeleitet, dass die Banken einer staatlichen Aufsicht bedurften. Nachdem schon durch Notverordnung vom 19. September 1931 das Amt eines „Reichskommissars für das Bankgewerbe" geschaffen worden war, setzte die NS-Regierung im Herbst 1933 einen Untersuchungsausschuss ein, der die Bankenaufsicht neu regeln sollte. Das „Reichsgesetz über das Kreditwesen", das 1934 in Kraft trat, begründete ein staatliches Aufsichtsamt für das Kreditwesen. Es schrieb außerdem Mindestreserven sowie die Begrenzung und die Meldepflicht für Großkredite vor. Zudem sollte der überbesetzte Bankenapparat abgebaut werden.

Die NS-Regierung verschärfte überdies Mitte 1933 die bereits 1931 eingeführte Devisenbewirtschaftung. Die am zwischenstaatlichen Waren-, Dienstleistungs- und Zahlungsverkehr beteiligten Banken wurden dadurch stark eingeengt und reglementiert. Der Außenhandel musste zudem im Sinne der Autarkiepolitik auf devisensparende Kompensationsgeschäfte umgestellt werden. Alle Einfuhren waren genehmigungspflichtig, alle Exportgeschäfte meldepflichtig.

Kinowerbung der Filiale Ebingen für das Sparen im Krieg, das indirekt in die Kriegsfinanzierung floss.

Die privaten Banken standen ohnehin nicht in der Gunst der Nationalsozialisten, die ihren Einfluss zurückdrängen wollten oder sogar eine Verstaatlichung in Betracht zogen. In ihren Augen dienten Banken allein dem privaten Gewinnstreben, während die Sparkassen eine soziale Aufgabe erfüllten. In den 1930er-Jahren expandierten denn auch im Wesentlichen die Sparkassen. Hinzu kam der Aufstieg großer staatlicher Institute mit rechtlich privilegiertem Status. Die Nationalsozialisten betrachteten Kreditinstitute vor allem als Geld- und Kreditsammelstellen, die sich dem Staatsinteresse – insbesondere dessen Finanzbedarf – zu unterwerfen hatten. Die Spareinlagen wanderten auf dem Weg von Reichsschatzanweisungen, die die Kreditinstitute erwarben, in die Rüstungs- und Kriegsfinanzierung.

Das Kreditgeschäft der Banken erholte sich von der Weltwirtschaftskrise wesentlich langsamer als die übrige Wirtschaft. Die Deutsche Bank räumte 1933 zwar rein numerisch mehr Kredite ein als 1932, aber das Gesamtvolumen dieser Kredite fiel kontinuierlich bis zum Jahr 1937. Gemessen an der Bilanzsumme der Bank ging es von 55,4 Prozent im Jahr 1932 auf 35,4 Prozent im Jahr 1937 zurück. Die Kredite waren zum einen rückläufig, weil die Unternehmen im Zuge der Deflation gelernt hatten, ihre Schulden möglichst niedrig zu halten, zum anderen aber auch, weil die Bank nach der Krise von 1931 vorsichtig

geworden war. Immer wieder forderte die Zentrale ihre Filialleitungen zur Zurückhaltung und zur Vorsicht bei Kreditausdehnungen auf.

Auch die Geschäfte der Filialen in Württemberg und in Baden waren durch einen Rückgang des Kreditgeschäfts gekennzeichnet, während die Einlagen stark stiegen. Angesichts des geringen Kreditbedarfs blieb der Bank Mitte der 1930er-Jahre nicht viel anderes übrig, als die liquiden Mittel in Wertpapieren öffentlicher Emittenten anzulegen. Das Geschäft mit festverzinslichen Werten zeigte lebhafte Umsätze. Reichsanleihen, Schatzwechsel, Kommunalanleihen bestimmten jetzt das Portefeuille.

„Arisierungen"

Eine Ausweitung des Kreditgeschäfts geschah im Zuge der „Arisierung" der Wirtschaft ab 1937. Immer mehr jüdische Unternehmen standen zum Verkauf und häufig vermittelten Banken diese Verkäufe. Bereits Ende 1935 hatte die Deutsche Bank ihre „nichtarischen" Engagements zusammenstellen lassen, da man fürchtete, dass jüdische Kunden in die Situation kommen könnten, ihre Kredite nicht mehr bedienen zu können. Von den Gesamtdebitoren in Höhe von 1,44 Milliarden RM entfielen dabei 225 Millionen RM auf „nichtarische" Engagements, das entsprach 16,6 Prozent. Im Filial-

bezirk Mannheim betrug der Anteil der „nichtarischen" Engagements hingegen 22,8 Prozent (23,2 Millionen RM bei Gesamtdebitoren von 105,2 Millionen RM). Der relativ hohe jüdische Bevölkerungsanteil in der Region wird daran deutlich.

Die Radikalisierung der judenfeindlichen staatlichen Politik machte auch die Deutsche Bank immer öfter zum Handlanger des NS-Regimes. Banken, so auch die Deutsche Bank, waren häufig als Vermittler zwischen dem jüdischen Verkäufer und dem „arischen" Käufer an den „Arisierungen" beteiligt. In manchen Fällen traten sie auch selbst als Käufer auf, sie verkauften die erworbenen Unternehmensanteile jedoch meistens weiter. Häufig kamen die betroffenen Unternehmen, die durch staatlichen Druck „arisieren" mussten, auch von sich aus auf die Bank zu.

„Schmoller in arischem Besitz" war im Sommer 1938 im Schaufenster des ehemaligen Kaufhauses Schmoller zu lesen, das nun unter dem Namen Kaufhaus Vollmer fortgeführt wurde. Den Verkauf hatte die Deutsche Bank in Mannheim gegen lokalen Widerstand der Kleinhändler vermittelt.

Es ist bekannt, dass sich die Deutsche Bank von 1933 bis Ende 1938 an der „Arisierung" von 363 Unternehmen beteiligte. Die Zahl der Fälle, in der sie mit „Arisierungen" in irgendeiner Form in Berührung kam – sei es als Kreditgeber oder Bankverbindung des neuen Eigners – war vermutlich höher. Allein die Filiale Mannheim legte nach Kriegsende der alliierten Militärregierung eine Liste von 83 „arisierten" Firmen vor. In vielen dieser Fälle bestand allerdings die „Beteiligung" der Deutschen Bank einzig darin, dass die betreffende Firma ein Konto bei ihr unterhielt oder unterhalten hatte.

Im Fall des Kaufhauses Schmoller in Mannheim intervenierte die Deutsche Bank aktiv bei den Regierungsbehörden, um eine „Arisierung" anstatt einer kompletten Liquidation zu erreichen. Die Filiale Mannheim hatte über ihre Schwesterfiliale in Dresden auch bereits einen Käufer ausfindig gemacht. Die lokalen Parteistellen und die Handelskammer vor Ort waren jedoch gegen eine Übernahme, da es nach ihrer Einschätzung bereits zu viele Kaufhäuser in Mannheim gebe und außerdem der größte Teil der gegenwärtigen Kundschaft aus Juden bestehe, die in einem „arisierten" Geschäft nichts mehr kaufen würden. Wenn die neuen Eigentümer versuchen sollten, einen neuen Kundenkreis aufzubauen, würden sie nur die Gruppe der schon existierenden Kleinhändler schädigen. Die „Arisierungsgegner" wandten sich mit dieser Argumentation direkt an das Badische

Finanzministerium, um den Verkauf zu verhindern, während Filialdirektor Frank im Ministerium auf die wirtschaftliche Bedeutung des Unternehmens für die Stadt Mannheim verwies und betonte, dass die Bank als Gläubigerin ein dringendes Interesse an einem raschen Verkaufsabschluss habe. Das Finanzministerium genehmigte schließlich die Transaktion.

Eine „Arisierung" unter ähnlichen Vorzeichen ereignete sich Mitte 1938 in Freiburg. Dort bestand mit dem Central-Kaufhaus ein „nichtarisches" Unternehmen, mit dem die Freiburger Filiale eine bedeutende und lukrative Geschäftsbeziehung unterhielt. Sie hatte daher großes Interesse, diese Verbindung auch über einen Besitzerwechsel hinaus zu erhalten, weshalb sie an den Verkaufsverhandlungen mitwirken wollte. Dies gelang nur im begrenzten Umfang, da der Erwerber Alois Gerber mit der Badischen Bank in langjähriger Geschäftsbeziehung stand, die ihm auch die notwendigen Kredite zum Erwerb des Kaufhauses zur Verfügung stellte. Die Deutsche Bank Filiale Freiburg hatte das Nachsehen. „Er [Alois Gerber] sieht sich daher auch nicht in der Lage, etwa alle Umsätze des Central-Kaufhauses künftig mit uns zu tätigen, sondern muss einen namhaften Anteil der Badischen Bank zukommen lassen. Mit Rücksicht auf unsere traditionellen Beziehungen zum Central-Kaufhaus will er aber auf alle Fälle ein Konto bei uns offen halten."[16] Erst 1943 war die Filiale Freiburg gegen den Widerstand der Badischen Bank in der Lage, einen Barkredit von 200.000 RM an das Central-Kaufhaus abzulösen und den 1938 verlorenen Status als erste Bankverbindung wiederzuerlangen.

In Stuttgart war die Deutsche Bank die Bankverbindung der jüdischen Unternehmer Hugo und Hermann Jacobi und deren Weinbrennerei Jacobi AG. Ab 1919 war die Jacobi AG Großaktionärin der Stuttgarter Hofbräu AG. Die Firma verfügte über einen Aktienanteil an der Brauerei von rund 50 Prozent. Die Deutsche Bank hatte an die Jacobi AG erhebliche Kredite vergeben. Das Gesamtobligo der Firma bei der Bank betrug zwischen 2,7 und 2,9 Millionen RM. Als Deckung für dieses Engagement waren der Deutschen Bank Aktien der Stuttgarter Hofbräu AG im Kurswert von 1,86 Millionen RM verpfändet.

Die Bilanz der Firma Jacobi war weitgehend ausgehöhlt. Den laufenden Verbindlichkeiten in Höhe von ca. 3 Millionen RM standen liquide Mittel in Höhe von nur etwa 1,5 Millionen RM gegenüber. Die Stuttgarter Filialdirektoren Hermann Koehler und Trudbert Riesterer drängten daher auf den Verkauf der Hofbräu-Aktien.

Sowohl Hugo Jacobi selbst als auch die Deutsche Bank bemühten sich, einen Käufer zu finden. Für das Aktienpaket interessierte sich der Lederfabrikant Carl Kaess aus Backnang, der Anfang 1938 der Deutschen Bank in Stuttgart den Auftrag gab, ihm für etwa 2 Millionen RM Hofbräu-Aktien zu beschaffen. Inzwischen hatte sich der Gauwirtschaftsberater eingeschaltet und Jacobi vorgeschrieben, einen württembergischen Käufer zu finden. Jacobi war dadurch gezwungen, an Kaess zu verkaufen, denn es hatte sich sonst kein württembergischer Interessent gemeldet.

Im März 1938 tätigte die Deutsche Bank das Geschäft: Die Aktien wurden der Firma Jacobi und den anderen Aktionären zu einem Kurs von 135 Prozent abgerechnet. Die Provision der Bank für die Vermittlung des Geschäfts belief sich auf ein Prozent, einen Kursgewinn machte sie nicht. Kaess erhielt im gleichen Jahr von der Deutschen Bank in Stuttgart einen größeren Kredit.

Jüdische Kontoinhaber

Den Grundstein für die endgültige und systematische Ausplünderung der deutschen Juden legte das NS-Regime schließlich mit der 11. Verordnung zum Reichsbürgergesetz am 25. November 1941. Sie entzog allen im Ausland lebenden deutschen Juden die deutsche Staatsbürgerschaft und setzte fest, dass die Deportation aus Deutschland bei Juden auch künftig die sofortige Aberkennung der Staatsbürgerschaft nach sich ziehen würde. Da aufgrund anderer geltender Bestimmungen der

Verlust der deutschen Staatsbürgerschaft die Einziehung des Eigentums zur Folge hatte, bedeutete dies, dass von nun an alles, was deportierte deutsche Juden im Reichsgebiet zurückließen, zur Gänze in den Besitz des Reichs übergehen würde.

Was dies für jüdische Bankkunden bedeutete, zeigt ein Beispiel aus Mannheim.[17] Emma K. aus dem pfälzischen Böchingen, Inhaberin eines Kontos bei der Deutschen Bank in Mannheim, hatte ihren Grund und Boden (ohne Einschaltung der Bank) an die Bayerische Bauernsiedlung verkaufen müssen. Sie hatte dafür 4.000 RM erhalten, wovon sie 1.600 RM für die Zahlung ihrer „Judenvermögensabgabe" verwenden musste. Ihres Zuhauses beraubt, zog sie in der Folge mehrmals um, zunächst zu Freunden in Mannheim, dann nach Frankfurt und schließlich dort in ein jüdisches Altersheim. Anfang 1942 überwies sie von dem ihr verbliebenen Bankguthaben 1.800 RM an die Jüdische Kultusvereinigung Frankfurt. Von diesem Betrag sollte die monatliche Gebühr für die Heimunterbringung in Höhe von 120 RM bestritten werden. Am 16. August 1942 wurde Emma K. nach Theresienstadt deportiert.

Am 6. Oktober 1942 teilte die Deutsche Bank Mannheim der Jüdischen Kultusvereinigung Frankfurt schriftlich mit, dass laut Verfügung des Oberfinanzpräsidenten, Devisenstelle Frankfurt, vom 26. September das „Vermögen der Kontoinhaberin zugunsten des Reiches eingezogen" worden sei. Allein, drei Wochen später, am 26. Oktober, folgte ein weiteres Schreiben der Bank, in dem es hieß, die Verfügung vom 26. September sei „als hinfällig zu betrachten". Man ersuche die Jüdische Kultusvereinigung nunmehr, von der Gestapo die Genehmigung für die Überweisung des Guthabens nach Theresienstadt (wohin Frau K. deportiert worden war) zu erwirken.[18]

Was war inzwischen geschehen? Am 9. Oktober 1942 hatte die Wirtschaftsgruppe Privates Bankgewerbe ein Rundschreiben mit Richtlinien für den Umgang mit Bewohnern von Theresienstadt verschickt. „Judenabschiebungen innerhalb des Reichsgebietes finden in der Hauptsache nach Theresienstadt (Böhmen und Mähren) statt", hieß es darin. Konten der davon betroffenen Personen sollten nicht gemäß der 11. Verordnung behandelt, sondern mit dem Vermerk „Wohnsitzverlegung nach Theresienstadt" versehen werden. Ende 1943 fanden sich auf dem Konto von Frau K. noch immer 797 RM (Ende 1945 waren es noch 790 RM); auf den Kontounterlagen prangte der Adressenaufdruck „Fräulein Emma K., Frankfurt/M., jetzt Theresienstadt, z. Hd. Sekretariat im Hause". Zu diesem Zeitpunkt lebte Emma K. nicht mehr. Sie war bereits am 2. September 1942, nur zwei Wochen nach der Ankunft in Theresienstadt, im Alter von 76 Jahren gestorben.

Nach der Währungsreform von 1948 wurde das Guthaben zur gesetzlichen Quote von 100 : 6,5 auf D-Mark umgestellt. Das Konto wies ein Guthaben von 50,70 DM auf. 1950 wurde dieser Betrag auf ein bei der Oberbuchhalterei geführtes Sammelkonto „unauffindbarer Besitzer" umgebucht.

Die rechtliche Lage nach Kriegsende war klar geregelt. Das von den Alliierten erlassene Wiedergutmachungsgesetz schrieb vor, dass der Umgang mit den Vermögenswerten der NS-Opfer dokumentiert werden musste; die sich daraus ergebenden Ansprüche wurden an die mit der Wiedergutmachung befasste jüdische Nachfolgeorganisation (Jewish Restitution Successor Organization, IRSO) übertragen. Diese schloss, um unverzüglich Zahlungen an Überlebende leisten zu können, Globalabkommen mit den deutschen Ländern, die vorsahen, dass die Länder die Wiedergutmachungssummen ausbezahlen und dafür die Ansprüche der enteigneten Juden auf sie übergehen sollten.

Bei der Deutschen Bank gab es eine ganze Reihe von Konten, die von der Währungsumstellung des Jahres 1948 nicht erfasst worden waren, wobei es sich nicht ausschließlich um Konten von NS-Opfern handelte. Diejenigen, die Guthaben von mehr als 100 DM aufwiesen, wurden dem deutschen Staat übereignet; betroffen waren davon insgesamt 323 Konten mit einem addierten Guthaben von rund 150.000 DM. Guthaben unter 100 DM wurden im Rahmen ihrer allgemeinen Gewinn- und Verlustrechnung von der Bank verbucht. Somit gab es in den 1970er-Jahren keine „nachrichtenlosen Konten" mehr.

Personalpolitik

Die Personalpolitik war ein Bereich, in dem die staatliche Reglementierung des Bankwesens besonders offenkundig wurde. Die Deutsche Bank beschäftigte zahlreiche Mitarbeiterinnen und Mitarbeiter jüdischen Glaubens und jüdischer Herkunft. Sie wurden – zum Teil unter massivem Druck der nationalsozialistischen Betriebszellen im Unternehmen – entlassen. Auch die jüdischen Vorstandsmitglieder – darunter der Vorstandssprecher Oscar Wassermann und der aus dem Südwesten stammende Theodor Frank – mussten bereits 1933 ihre Ämter niederlegen. Jüdische Mitglieder im Aufsichtsrat gab es noch bis 1938.

Fünf neue Mitglieder wurden im Verlauf des Jahres 1933 in den Vorstand berufen, darunter auch Karl Ernst Sippell, der für den Badisch-Pfälzischen Filialbezirk zuständig war und zugleich das gesamte Personalwesen der Bank verantwortete. Den nationalsozialistischen Aktivisten unter den Angestellten, die sich mit ideologischem Eifer in den Vordergrund spielen wollten und auf Karriereaussichten schielten,

Beim Umzug der Berliner Firmen am 1. Mai 1934 marschierte in Zivilkleidung Karl Ernst Sippell an der Spitze der „Betriebsgemeinschaft Deutsche Bank und Disconto-Gesellschaft". Ab 1933 hatte Sippell im Vorstand das Personalressort inne und war für den Badisch-Pfälzischen Filialbezirk zuständig. Nach außen demonstrierte er Linientreue zum NS-Regime, versuchte aber zugleich, die radikalsten Aktivisten unter den Nationalsozialisten von jeglichem Einfluss in der Bank fernzuhalten.

trat er bisweilen barsch entgegen. Sippell mag gedacht und gehofft haben, dass sich die Verhältnisse wohl mit der Zeit beruhigen würden, wenn erst einmal der nationalsozialistische Sturmlauf zur Eroberung der Staatsmacht einen gewissen Abschluss finde.

Ab Mitte 1934 sah sich die Bank mit der Frage konfrontiert, wie sie sich am besten auf die neuen Verhältnisse einstellen sollte, die zunehmend den Eindruck erweckten, von Dauer zu sein. Vor allem aus taktischem Kalkül berief die Deutsche Bank im November 1935 Karl Ritter von Halt, der als Parteimitglied für die Verbindung zu den NS-Behörden zuständig war. Er kam zunächst als Direktor und Personalchef in die Deutsche Bank. Im Oktober 1938 wurde er in den Vorstand berufen, wo er für das Personaldezernat zuständig war. Gleichzeitig war er mit dem Amt des „Betriebsführers" betraut. Halt gelang es, den Einfluss nationalsozialistischer Funktionäre innerhalb der Bank wenigstens zum Teil einzudämmen. In Berlin konnte er nach langwierigen Verhandlungen mit der Deutschen Arbeitsfront und der Berliner Gauleitung den NS-Betriebsobmann in der Zentrale, Franz Hertel, entlassen. Hertel war kein Einzelfall. So gelang es in Stuttgart nach jahrelangen Kämpfen im Jahre 1937, den NS-Betriebsobmann Breuning aus der Bank zu entfernen.

Zugleich vollzog sich eine zunehmend radikalere Säuberung nach rassischen Kriterien in den eigenen Reihen. Jüdische Filialleiter wur-

den zum Rücktritt gezwungen, angeblich aus zwingenden geschäftspolitischen Gründen, in Wirklichkeit aber manchmal in vorauseilendem Gehorsam. Eine einheitliche Strategie für den gesamten Konzern scheint es in dieser Frage allerdings nicht gegeben zu haben. In Breslau und Essen wurden jüdische Filialdirektoren sehr schnell entlassen. Ludwig Fuld, Direktor der Filiale Mannheim, blieb hingegen bis Ende 1935 auf seinem Posten. Auch die Direktoren der Filialen Karlsruhe und Freiburg, Ludwig Mayer und Ernst Frankl, wurden 1936 bzw. 1938 aufgrund ihrer jüdischen Herkunft gezwungen, aus der Deutschen Bank auszuscheiden.

In Mannheim bestimmten nach dem Ausscheiden Ludwig Fulds die Direktoren Heinrich Klöckers, Philipp Frank, Walter Tron und Heinz Cammann die Geschicke der Filiale. Heinrich Klöckers war nach mehreren Stationen bei der Berliner Zentrale und Filialen der Disconto-Gesellschaft 1926 als stellvertretender Direktor zur Süddeutschen Disconto-Gesellschaft nach Mannheim gekommen. Der dortigen Filialdirektion gehörte er von 1932 bis 1953 an. Ab September 1943 war er einer der zehn Filialdirektoren, die Generalvollmacht für die Gesamtbank erhielten. Durch diese Maßnahme sollte die Bank handlungsfähig bleiben, falls der Vorstand in Berlin kriegsbedingt nicht mehr in der Lage war, die Leitung auszuüben.

Walter Tron gehörte von 1937 bis 1939 der Geschäftsleitung der Filiale Mannheim an. 1957 wurde er in den Vorstand der Deutschen Bank berufen.

Philipp Frank, der Nachfolger Ludwig Fulds in Mannheim, absolvierte in den Jahren 1910 bis 1913 eine Banklehre bei der Pfälzischen Bank in Grünstadt und wechselte 1913 als Buchhalter zur Süddeutschen Disconto-Gesellschaft nach Mannheim. Nach Stationen in den Filialen Freiburg und Neustadt a. d. Haardt wechselte er 1919 zur Filiale Ludwigshafen der Süddeutschen Disconto-Gesellschaft und wurde dort 1927 zum Direktor ernannt. Ab 1932 war er stellvertretender, ab 1935 Direktor der Filiale Mannheim der Deutschen Bank. Er gehörte der Mannheimer Geschäftsleitung bis 1961 an und personifizierte eine lange Phase der Kontinuität.

1937 kam Walter Tron als stellvertretender Direktor in die Mannheimer Filiale, der er bis April 1939 angehörte. Nach dem Studium der Nationalökonomie hatte er 1923 seine Banklaufbahn in der Filiale Pforzheim der Süddeutschen Disconto-Gesellschaft begonnen. Schon 1939 wechselte er als Direktor in die Leipziger Filiale der Deutschen Bank. Trons Karriere ging weiter steil nach oben. Von 1942 bis Kriegsende gehörte er dem Vorstand der Creditanstalt-Bankverein in Wien an. In den Jahren von 1949 bis 1951 war er Mitglied des Vorstands der Kreditanstalt für Wiederaufbau, um anschließend zur Deutschen-Bank-Gruppe zurückzukehren, zunächst im Vorstand der Süddeutschen Bank in München und schließlich von 1957 bis 1962 im Vorstand der wiedererrichteten Deutschen Bank.

Heinz Cammann war von 1937 bis 1956 in der Geschäftsleitung in Mannheim tätig. Er hatte seine Laufbahn 1916 in der Rentenabteilung der Süddeutschen Disconto-Gesellschaft in Mannheim begonnen und war dort 1929 zum stellvertretenden Direktor der Börsenabteilung avanciert. 1956 wurde der Börsenfachmann Cammann erster Geschäftsführer der neu gegründeten Deutschen Gesellschaft für Wertpapiersparen (DWS).

In Stuttgart bildeten neben Hermann Koehler, der bereits Vorstandsmitglied der Württembergischen Vereinsbank gewesen war, Trudbert Riesterer und Ernst Schröder die Filialdirektion während des Zweiten Weltkriegs. Riesterer, gelernter Bankkaufmann und Jurist, begann seine berufliche Laufbahn 1923 bei der Süddeutschen Disconto-Gesellschaft. In den Jahren 1933 und 1934 leitete er die Filiale Pforzheim, bevor er Anfang 1935 in die Geschäftsleitung in Stuttgart eintrat. Dort war Riesterer unter anderem für Personalfragen zuständig und mit der Funktion des „Betriebsführers" betraut. Riesterer, der nicht Mitglied der NSDAP war, hatte einen schweren Stand gegen den NS-Betriebsobmann Breuning, der stellvertretender Kreisleiter in Böblingen und ein überzeugter Nationalsozialist war. Die Situation wurde dadurch erschwert, dass ein weiterer Direktionskollege, das Parteimitglied Ernst Schröder, mit dem Betriebsobmann gegen Riesterer agitierte. Schröder ging 1938 in den Ruhestand, sein Nachfolger wurde Alfred Rosewick, der dem NS-System ebenfalls kritisch gegenüberstand, wodurch sich Riesterers Position stabilisierte. Rosewick war 1937 als stellvertretender Direktor nach Stuttgart gekommen. Nach Kriegsende ernannte ihn die Militärregierung zum Vorsitzenden eines Entnazifizierungskomitees für den Finanzbereich.

Heinz Cammann trat 1937 in die Geschäftsleitung der Filiale Mannheim ein, der er bis 1956 angehören sollte. Danach wurde er mit bereits 67 Jahren erster Geschäftsführer der neu gegründeten DWS.

Alfred Rosewick kam 1937 als stellvertretender Direktor zur Filiale Stuttgart, wo er rasch zum Direktor aufstieg. Er sollte bis 1958 an dieser Stelle bleiben.

Willy Wolff – ein jüdischer Filialdirektor in Freiburg

Der 1871 in Neviges im Rheinland geborene Willy Wolff erlernte das Bankgeschäft beim Barmer Bankverein im heutigen Wuppertal. Nach einer Zwischenstation bei einer Privatbank in Ruhrort kam er 1896 nach Baden, wo er als Kassierer und Prokurist beim Bankhaus Veit L. Homburger in Karlsruhe tätig war. 1905 trat er in die neu gegründete Süddeutsche Disconto-Gesellschaft in Mannheim ein. Bereits im folgenden Jahr avancierte er zum Direktor der Filiale Freiburg der Süddeutschen Disconto-Gesellschaft, die 1929 in der Deutschen Bank und Disconto-Gesellschaft aufging. Zum Jahresbeginn 1933 ging Willy Wolff in Pension.

Die immer stärker werdenden Repressionen des NS-Staats gegen jüdische Bürger verlangten ihm hohe Zahlungen für die „Sühneabgabe" und die „Reichsfluchtsteuer" ab. Wolff emigrierte im Frühjahr 1939 zu seiner verheirateten Tochter nach Arnheim in den Niederlanden.

Sein restliches Vermögen wurde Anfang 1940 von der Gestapo beschlagnahmt und die Pensionszahlung eingestellt. Nach der Besetzung der Niederlande durch deutsche Truppen fiel er erneut unter die nationalsozialistischen Judengesetze. Im November 1942 kam er zunächst ins Sammellager Westerbork, wo sich die Familie seiner Tochter bereits ab Januar 1942 befand und bis Kriegsende 1945 verblieb. Am 18. Januar 1944 wurde Wolff von Westerbork nach Theresienstadt deportiert. Dort befreiten ihn im Mai 1945 sowjetische Truppen. Nach kurzen Aufenthalten in England und der Schweiz kehrte er im März 1947 nach Freiburg zurück, wo er seinen Lebensabend verbrachte und mit seinen Nachfolgern in der Filiale Freiburg in freundschaftlichem Kontakt stand. Wolff verstarb 1964 im Alter von 92 Jahren.

Die prägende Persönlichkeit der Filiale Freiburg war über lange Zeit Willy Wolff, der von 1906 bis 1933 die Niederlassung leitete. Nachfolger Wolffs in Freiburg wurde 1932 Ernst Frankl, der wie Wolff jüdischer Abstammung war. Seine Laufbahn hatte er 1912 mit einer Banklehre bei der Süddeutschen Disconto-Gesellschaft begonnen. Frankl wurde Ende 1938 zwangspensioniert und emigrierte im März 1939 über Großbritannien in die USA. Als einer der wenigen vertriebenen jüdischen Angestellten kehrte Frankl nach dem Zweiten Weltkrieg zu seinem früheren Arbeitgeber zurück und war von 1954 bis 1958 in leitenden Funktionen bei der Filiale Frankfurt und der Auslandsabteilung der Deutschen Bank tätig.

Frankls Mitdirektor in Freiburg war von 1932 bis zu seinem Tod 1937 der bereits erwähnte Kurt Bassermann. Zu ihren Nachfolgern wurden 1937 Carl Butsch und Gerhard Römer ernannt, die für die kommenden zwei Jahrzehnte die Filiale Freiburg leiten sollten. Wie Klöckers, Frank und Cammann in Mannheim und Riesterer und Rosewick in Stuttgart war es ihre Aufgabe, den Wiederaufbau der Deutschen Bank und der Wirtschaft nach dem Zweiten Weltkrieg zu organisieren.

Ernst Frankl war von 1932 bis 1938 Direktor der Filiale Freiburg. 1939 emigrierte er in die USA. Nach dem Ende der NS-Herrschaft war er einer der wenigen jüdischen Angestellten, die in ihre alte Heimat zurückkehrten und nochmals für die Deutsche Bank tätig wurden.

Hermann Koehler – ein Opfer von Willkürherrschaft und Gewalt

Am 8. Oktober 1943 wurde Hermann Koehler, Direktor der Deutschen Bank in Stuttgart und Aufsichtsratsmitglied von Daimler-Benz, vom Volksgerichtshof in Berlin wegen „Wehrkraftzersetzung" zum Tode sowie zu einer hohen Geldstrafe von 100.000 Reichsmark verurteilt. Das Urteil des Gerichts, gefällt unter dem Vorsitz seines berüchtigten Präsidenten Roland Freisler, wurde einen Monat später, am 8. November 1943, im Zuchthaus Brandenburg mit dem Fallbeil vollstreckt.[19]

Wie war Hermann Koehler in diese aussichtslose Lage gekommen? Sein Lebenslauf verzeichnete eine bürgerliche Karriere: Koehler, geboren am 8. Oktober 1876 in Schwäbisch Gmünd, verbrachte seine Jugend und seine Schulzeit in Wien, wo er das Abitur ablegte. Danach wählte er die Kaufmannslaufbahn und arbeitete einige Jahre im Ausland in Handelsunternehmen in Paris, London und den Vereinigten Staaten. 1901 trat er in das Privatbankhaus seines Onkels in Schwäbisch Gmünd ein. 1909 übernahm die Württembergische Vereinsbank dieses Privatbankhaus, das gleichzeitig über eine Metallabteilung (mit Gekrätze-, Gold- und Silberscheideanstalt) verfügte. Koehler wurde Direktor der Filiale Schwäbisch Gmünd der Württembergischen Vereinsbank.

1912 wechselte er nach Stuttgart in die Zentrale der Vereinsbank, in deren Vorstand er 1914 berufen wurde. Nach der Übernahme der Württembergischen Vereinsbank durch die Deutsche Bank im Jahr 1924 war Hermann Koehler Direktor der Filiale Stuttgart. Diese Funktion hatte er 1943 noch inne, obwohl er bereits die Altersgrenze überschritten hatte. Da seine jüngeren Kollegen zur Wehrmacht einberufen worden waren, hatte man ihn noch nicht pensioniert.

Im Spätsommer 1943, kurz nach dem Zusammenbruch des Mussolini-Regimes in Italien, kehrte Koehler von einer dienstlichen Sitzung aus München zurück. Er unterhielt sich im D-Zug München–Stuttgart mit Kollegen über die allgemeine politische Lage und machte dabei aus seinem Herzen keine Mördergrube. Koehler verglich das „Dritte Reich" mit einer Herrschaft von „Eunuchen" und erklärte, der italienische Faschismus sei sang- und klanglos verschwunden, in Deutschland werde es ebenso gehen; der Nationalsozialismus sei ja nur ein „Furz".[20]

Äußerungen dieser Art waren damals lebensgefährlich, weil Spitzel- und Denunziantentum weitverbreitet waren. Schon früher hatte sich Koehler über das NS-System kritisch geäußert und war von Freunden, Bekannten und Kollegen deswegen gewarnt und um Vorsicht gebeten worden. Er hatte diese Warnungen jedoch nicht ernst genommen und meinte nur, dass die Nationalsozialisten einem alten Mann schon nichts antun würden.

Doch diesmal nahm das Schicksal seinen Lauf. Koehlers Äußerungen im Zug hörte ein im selben Abteil mitfahrender SS-Standartenführer, der ihn sofort denunzierte. Er ließ von der Zugstreife Koehlers Personalien feststellen und erstattete Anzeige. Einige Tage später wurde Koehler von der Geheimen Staatspolizei in Stuttgart zum Verhör bestellt und sofort in Untersuchungshaft genommen. Man transportierte ihn nach Berlin und eröffnete den Prozess vor dem Volksgerichtshof.

Am 8. Oktober verkündete das Gericht das Todesurteil. Das Vorstandsmitglied der Deutschen Bank, Oswald Rösler, der im Zusammenhang mit der Widerstandsbewegung vom 20. Juli 1944 verhaftet worden war, sowie Verwandte von Hermann Koehler berichteten später, dass das Vorstandsmitglied Ritter von Halt sich große Mühe gegeben habe, Koehler zu retten. Seine Versuche blieben jedoch ohne Erfolg.

Für die Verurteilung Koehlers erwies es sich von erheblicher Bedeutung, dass ein damals mitfahrender „Kollege", Direktor der Württembergischen Hypothekenbank in Stuttgart, die Aussagen des Denunzianten voll bestätigte. Er belastete Koehler schwer, obwohl ihm klar

Hermann Koehler 1924 beim Eintritt in die Deutsche Bank.

sein musste, was diese Zeugenaussage vor dem Volksgerichtshof, der zu dieser Zeit Todesurteile am laufenden Band fällte, bedeutete.

Die Zentralspruchkammer Ludwigsburg stufte den ehemaligen Direktor der Württembergischen Hypothekenbank in Stuttgart, Gerhard Gessler, in die Gruppe der Belasteten ein. Die verhängte Arbeitslagersühne von einem Jahr galt durch die Haft als verbüßt. Ferner wurden 20 Prozent des Vermögens zu Wiedergutmachungszwecken eingezogen.

Krieg und Zerstörung

Der NS-Staat verstärkte seinen Einfluss auf die Wirtschaft während des Krieges. In der Kriegswirtschaft sank zudem der Bedarf an Bankdienstleistungen. So wurden ab 1942 immer mehr Filialen der Bank geschlossen. Im Badisch-Pfälzischen Bezirk fielen die Zweigstellen in Gernsbach, Ettlingen, Kehl, Oberkirch, Säckingen und Triberg unter diese Maßnahme. In Stuttgart musste die Abteilung „Rentenanstalt" in der Tübinger Straße 26–28 im Juni 1943 ihre Tätigkeit ebenso einstellen wie die Zweigstellen in Esslingen und Ludwigsburg. Zudem gestalteten die Einberufung zahlreicher Mitarbeiter zum Wehrdienst und die Zerstörungen des Luftkrieges den Geschäftsverkehr immer schwieriger.

Mannheim wurde erstmals im Juni 1940 von der Royal Air Force angegriffen und erlebte Mitte Dezember 1940 den ersten Großangriff. Hier erprobte die britische Luftwaffe ein Flächenbombardement, wie es für den weiteren Luftkrieg typisch werden sollte. Einen vergleichbaren Luftangriff erlitt Mannheim im Mai 1941. Im April, August und September 1943 folgten die schwersten Großangriffe auf die Region Mannheim/Ludwigshafen, die die Mannheimer Innenstadt, aber vor allem auch die Stadtteile Neckarau, Lindenhof, Schwetzingerstadt, Oststadt sowie Feudenheim und Käfertal

mit ihren Industrieansiedlungen in Schutt und Asche legten. Bis März 1945 gingen die Luftangriffe auf Mannheim weiter.

Die Gebäude der Filiale Mannheim in B 4 sowie die Stadtzweigstellen Heidelberger Straße, Lindenhof, Marktplatz und Neckarstadt wurden von den Bombenangriffen, vor allem im Jahr 1943, erheblich beschädigt. Der Geschäftsbetrieb konnte zunächst notdürftig weitergehen. Er blieb jedoch durch die außergewöhnliche räumliche Enge stark behindert. Dazu kamen die Verkehrsbeschränkungen und das Fehlen von Telefonverbindungen. Ab März 1945 waren die Räume in B 4 unbenutzbar.

Während die Niederlassungen in Oberbaden verhältnismäßig geringfügige Beschädigungen der Bankgebäude zu verzeichnen hatten, erlitten die Filialen in Nordbaden schwere Schäden oder wurden gänzlich zerstört. Dazu gehörten die Niederlassungen in Bruchsal, Karlsruhe, Kehl und Pforzheim. Stuttgart war im November 1942 erstmals von einer größeren Bomberflotte angegriffen worden, die in den Fildervororten und in der Innenstadt größere Schäden verursachte. 1943 und 1944 stieg die Zahl und die Heftigkeit der Bombenangriffe, wobei die Werksanlagen von Bosch und Daimler-Benz bevorzugte Ziele der alliierten Flugzeuge waren.

Die Gebäude der Filiale Stuttgart in der Friedrichstraße, wo die Geschäftsleitung für den Bezirk Württemberg und die Abteilung zur Betreuung der großen Industriekunden untergebracht war, wurden am 21. Februar 1944 völlig zerstört. Der Geschäftsbetrieb konnte ausgelagert werden und ging zunächst in der Gymnasiumstraße 3, dem Haus der ehemaligen Württembergischen Bankanstalt, notdürftig weiter. Bei dem Luftangriff vom 25./26. Juli 1944 brannte jedoch auch das Bankgebäude in der Gymnasiumstraße vollständig aus, nur die Untergeschossräume und die Tresore blieben unversehrt. Die Filiale mit ihrem Kassenschalter kam in der Büchsenstraße 58 unter, die Geschäftsleitung und die Fachabteilungen wurden in die Büchsenstraße 28, ins Haus der Württembergischen Hypothekenbank, verlagert. Um die Lage zu verbessern, gelang es der Geschäftsleitung im August 1944, die geschlossenen Zweigstellen in Esslingen und Ludwigsburg wiederzueröffnen.

Bis zum Ende des Zweiten Weltkriegs erlebte Mannheim 304 Luftangriffe, die die Stadt zu weiten Teilen zerstörten.

Der Geschäftsbetrieb in der Gymnasiumstraße konnte bald notdürftig wieder aufgenommen werden – mit dem geliehenen Gartentisch einer Stuttgarter Brauerei, einem Sessel und einem Koffer voller Geld. Bei der Wiederherstellung der Geschäftsräume griff die Filiale dabei auf altbewährte Kundenbeziehungen zurück. So heißt es in einem Schreiben des stellvertretenden Direktors Karl Dörr an das zuständige Vorstandsmitglied, Hans Rummel, in Berlin: „Wir danken Ihnen sehr für Ihre liebenswürdigen Bemühungen bei der Firma Junghans A. G. Die uns in Aussicht gestellten zwei Pulte und zwei Tische können wir gut gebrauchen. Die WMF hat uns die von Ihnen dort erbetenen Fenster inzwischen angeliefert. [...] Im Parterre hat die Firma Hohner vier Fensteröffnungen bereits zugemacht und die Cattunmanufactur in Heidenheim ebenfalls vier. [...] Die östliche Seite im Parterre wird von der Firma Knoch & Co., Heilbronn, verglast. Herr Kaess, Backnang, hat es liebenswürdigerweise übernommen, den Eingang der Gymnasiumstraße durch Fenster und Türen abzuschließen. Das Problem mit dem Glasdach ist nun auch zufriedenstellend gelöst. Die Firma Eberspächer hat ihre Geschäftsfreundin, die Firma Zimmermann in Feuerbach, mit der Durchführung beauftragt. [...] Ca. 100 Heraklithplatten hat uns Daimler aufgrund Ihrer liebenswürdigen Vermittlung angefahren."[21] Die Geschäfte konnten notdürftig bis zum Kriegsende fortgeführt werden.

Das Hauptgebäude der Filiale Stuttgart in der Friedrichstraße wurde am 21. Februar 1944 völlig zerstört.

Die Befreiung des Südwestens von der nationalsozialistischen Herrschaft durch die Westalliierten vollzog sich über mehrere Wochen. Am 28. März 1945 begann die Einnahme Mannheims durch amerikanische Truppen. Der Krieg war zu Ende, doch die Stadt ein gewaltiger Trümmerberg. Wohngebäude und Fabriken waren zu großen Teilen zerstört, über 2.100 Menschen starben im Luftkrieg. Als Soldaten oder in anderen uniformierten Diensten waren über 10.000 Personen gefallen. Über 2.000 jüdische Bürgerinnen und Bürger Mannheims fielen der nationalsozialistischen Vernichtungspolitik zum Opfer.

Ähnlich war das Bild in Stuttgart, das die französische Armee am 21. April 1945 befreite. 4.600 Menschen hatten den Bombenkrieg nicht überlebt und ein Viertel der jüdischen Bevölkerung, die 1933 in Stuttgart gewohnt hatte, war ermordet worden.

Von einem geregelten Bankgeschäft konnte in den ersten Monaten nach dem Zweiten Weltkrieg jedoch kaum gesprochen werden. Die personelle Reinigung der Betriebe von überzeugten Nazis war eine Vorbedingung für die Eröffnung der Kreditinstitute. Die noch vorhandenen Mitarbeiterinnen und Mitarbeiter waren in den notdürftig hergerichteten Bankräumen und Kellern zunächst damit beschäftigt, die Gesetze der Militärregierung durchzuführen. Ein rascher Wiederaufbau des Geschäfts, der zerstörten Städte und der Industrie war nicht absehbar.

vier

Die Nachfolgebanken im Wiederaufbau, 1945 – 1957

1. Wirtschaftlicher und politischer Neubeginn

In Südwestdeutschland entstand 1945 in der amerikanischen Besatzungszone das Land Württemberg-Baden, in dem Nordwürttemberg und Nordbaden vereinigt waren. In der französischen Besatzungszone wurden die Länder Rheinland-Pfalz, Baden und Württemberg-Hohenzollern errichtet. Die ehemaligen Filialbezirke der Deutschen Bank Baden-Pfalz und Württemberg erstreckten sich nun auf zwei Besatzungszonen und vier Länder.

In den ersten Nachkriegsjahren hatten die amerikanische und die französische Militärregierung in ihren Besatzungszonen das absolute Sagen. Die Beseitigung der Nahrungsmittel- und Wohnungsnot, die Wiederherstellung der wichtigsten Versorgungsbetriebe, der Wiederaufbau der schwer geschädigten Industrie zählten dabei zu den wichtigsten Aufgaben.

In Mannheim ruhte mit wenigen Ausnahmen in den ersten Wochen nach der Besetzung die gesamte Industrieproduktion. Ende Mai 1945

wurde bei einigen Großbetrieben, so beispielsweise bei Lanz, wieder produziert. Einzelne Unternehmen waren von den Amerikanern beschlagnahmt, so etwa Daimler-Benz oder die Zellstofffabrik Waldhof. Zu Beginn des Jahres 1946, als wieder 186.000 Einwohner in Mannheim registriert waren – das waren rund 100.000 weniger als vor dem Krieg –, meldeten 134 Firmen, dass sie ihren Betrieb aufgenommen hätten. Doch weiterhin beeinträchtigten die unregelmäßige Energieversorgung, die mangelnde Rohstoff- und Kohlenversorgung, der Arbeitskräftemangel sowie Reparationsforderungen und Demontagen Handel und Industrie. Als besonders hinderlich erwies sich zudem der Verlauf der Zonen- und Landesgrenze, wurde doch der Wirtschaftsraum Mannheim-Ludwigshafen durch die amerikanisch-französische Zonengrenze zerschnitten und Mannheim von der Pfalz und dem Saargebiet praktisch abgeriegelt. Sehr ähnlich war die Situation in Württemberg, wo nun die zwischen Stuttgart und Tübingen verlaufende Zonengrenze den gewachsenen politischen und wirtschaftlichen Raum zerschnitt.

Wiederaufbau der Depositenkasse
Heidelberger Straße in Mannheim.

Wieder sparen?

Gehen wir in die neue Währung

ohne Vertrauen?	**mit Vertrauen!**
Dann:	Dann:
Kein Unternehmungsgeist	Neue Initiative
Geringe Produktion	Pulsierendes Wirtschaftsleben
Rückgang der Arbeitsmöglichkeiten	Reichliche Warenerzeugung
Kein Vorwärtskommen	Besserung der Arbeits- und Lebens-bedingungen

Also trotz allem: Wieder sparen!
Das Kopfgeld sei ein Grundstein.

OBERRHEINISCHE BANK

August 1948

Aufruf zum Sparen vom August 1948, unmittelbar nach der Währungsreform, der Oberrheinischen Bank, wie die Deutsche Bank in Südbaden inzwischen firmieren musste.

Die Entwicklung der Mannheimer Wirtschaft war gekennzeichnet von einem Einbruch im Winter 1946/47, einer darauffolgenden Stagnation und einem erneuten Aufschwung im Herbst 1947. Auch die Zahl der Industriebeschäftigten, die 1936 rund 48.700 betragen hatte, stieg von rund 38.500 am Jahresende 1947 auf rund 48.500 im Jahr 1948 und hatte damit fast den Vorkriegsstand wieder erreicht. Ein Jahr später waren es bereits rund 55.500 Industriebeschäftigte.

Württemberg-Baden profitierte von einem Zustrom von Vertriebenen, darunter viele Fachkräfte, und Unternehmen, die ihren Firmensitz aus der sowjetischen Besatzungszone in den Westen verlagerten. So fanden die Carl Zeiss-Werke in Oberkochen und Stuttgart, ein Teil der Gablonzer Glas- und Schmuckwarenindustrie in Schwäbisch-Gmünd, die Taschentuchindustrie aus Hohenelbe in Heidenheim und die Rathenower Brillenindustrie in Stuttgart und Leonberg eine neue Heimat.

Zusammen mit den Marshallplan-Geldern, die der westdeutschen Wirtschaft über die 1948 gegründete Kreditanstalt für Wiederaufbau zuflossen, schuf die Währungsreform vom 20. Juni 1948 in den drei westlichen Besatzungszonen die Grundlagen für ein kontinuierliches wirtschaftliches Wachstum. Auf der Basis der sozialen Marktwirtschaft wurde in der Nachkriegszeit in der Bundesrepublik Deutschland ein erfolgreiches Wirtschaftssystem aufgebaut.

2. Die Neustrukturierung des Bankensystems

Die Siegermächte des Zweiten Weltkriegs begannen sofort, in die bisherigen Wirtschaftsstrukturen Deutschlands einzugreifen. Besonders drastisch bekamen dies die Banken in Berlin zu spüren, die ihre Tätigkeit einstellen mussten. So wurde die Zentrale der Deutschen Bank in der Reichshauptstadt am 28. April 1945 aufgrund des Befehls Nr. 1 des sowjetischen Stadtkommandanten Nikolaj Bersarin geschlossen. Sie war nun ein „ruhendes Institut" und durfte nur noch eng begrenzte Tätigkeiten ausüben, die vor allem der Abwicklung dienten. Die Deutsche Bank hatte jedoch schon im Februar 1945 in Hamburg eine Notverwaltung für die Gesamtbank eingerichtet. Dieser „Führungsstab Hamburg" übernahm nach Kriegsende gegenüber den Filialen in den westlichen Besatzungszonen die Funktion der Berliner Zentrale. Zugleich wurde die Geldstelle Hildesheim geschaffen, um die Versorgung der verbliebenen Niederlassungen mit flüssigen Mitteln zu garantieren.

Die Funktion der geschlossenen Reichsbank ging zunächst auf die in den Ländern 1947/48 neu geschaffenen Landeszentralbanken über.

Diese erhielten im März 1948 mit der Bank deutscher Länder in Frankfurt am Main, der späteren Bundesbank, eine gemeinsame Spitze.

In Stuttgart entstand zunächst die Landeszentralbank von Württemberg-Baden. Sie wurde 1953 mit der Zentralbank für Württemberg und Hohenzollern in Reutlingen und der Landeszentralbank von Baden in Freiburg zur Landeszentralbank in Baden-Württemberg vereinigt. Ihr erster Präsident wurde Otto Pfleiderer.

Von der Zukunft der Großbanken hatten die amerikanischen Besatzungsbehörden andere Vorstellungen. Im Zuge der Entflechtung der Großunternehmen begannen 1946 ihre Bestrebungen zur Zerschlagung der deutschen Großbanken. Aus der Vorstellung heraus, dass die großen Filialbanken eine wirtschaftlich unerwünschte Machtzusammenballung darstellten, ergriff die amerikanische Militärregierung die Initiative zur Aufspaltung der drei Großbanken in Teilinstitute. Am 6. Mai 1947 wurde für die amerikanische Zone das Gesetz Nr. 57 erlassen, mit dem die Niederlassungen der Großbanken unter neuen Firmenbezeichnungen länderweise

Die Zentrale der Oberrheinischen Bank
in Freiburg um 1950.

zusammengefasst und sogenannten Verwaltern (custodians) unterstellt wurden. Die französische Militärverwaltung schloss sich im September 1947 den Amerikanern an, und nach anfänglichem Widerstand folgte schließlich im April 1948 auch die britische Militärregierung.

Die Deutsche Bank wurde in zehn Teilinstitute zerschlagen, die jeweils nur auf Länderebene tätig sein konnten. Sie verfügten weder über Aktienkapital, noch hatten sie eine eigene Rechtspersönlichkeit. Bilanzen wurden zwar aufgestellt, aber nicht veröffentlicht, sondern nur bei den Landeszentralbanken eingereicht. Diese Nachfolgeinstitute betrieben vorwiegend den normalen Kassen-, Zahlungs- und Überweisungsverkehr sowie das kurzfristige Kreditgeschäft. Kredite im Ausland, auf die Deutschland in den nachfolgenden Jahren dringend angewiesen war, durften sie nicht aufnehmen. Ebenso war an ein funktionierendes Auslandsgeschäft und auch an Emissionsgeschäfte nicht zu denken. Die Nachfolgeinstitute in den drei Ländern des heutigen Baden-Württembergs waren:

– in Württemberg-Baden die Südwestbank mit Hauptverwaltungen in Stuttgart und Mannheim,
– in Württemberg-Hohenzollern die Württembergische Vereinsbank mit Sitz in Reutlingen
– und in Baden die Oberrheinische Bank mit Sitz in Freiburg.

Damit lebte für fünf Jahre der traditionsreiche Name „Württembergische Vereinsbank" nochmals auf.

Die Hauptverwaltung der Südwestbank in Mannheim befand sich im Gebäude B 4, 10a. Ihr unterstanden Niederlassungen in Bruchsal, Ettlingen, Heidelberg, Karlsruhe, Pforzheim und Weinheim.

Die badischen Filialen der Südwestbank in Bruchsal (oben) und Karlsruhe.

Die württembergischen Filialen der Südwestbank in Bad Cannstatt, Esslingen, Göppingen, Ludwigsburg und Schwäbisch-Gmünd.

In Stuttgart war die Leitung der Südwestbank im Gebäude in der Gymnasiumstraße 3 untergebracht, wohin die Niederlassungen in Bad Cannstatt, Esslingen, Göppingen, Heidenheim, Heilbronn, Ludwigsburg, Schwäbisch-Gmünd und Ulm berichteten.

Die Württembergische Vereinsbank verfügte über Filialen in Ebingen, Friedrichshafen, Ravensburg und Tübingen.

Die Filialen in Baden-Baden, Gernsbach, Konstanz, Lahr, Lörrach, Offenburg, Säckingen, Singen und Villingen gehörten zur Oberrheinischen Bank mit ihrem Hauptsitz in Freiburg.

Filialen der Oberrheinischen Bank in Baden-Baden, Gernsbach, Konstanz, Lörrach, Offenburg und Villingen.

Siegelmarke und Werbeanzeige der von 1948 bis 1952 bestehenden Südwestbank.

Die Südwestbank wies 1950 eine Bilanzsumme von 327 Millionen DM aus. Dank der wirtschaftlich starken Regionen Rhein-Neckar und Stuttgart stand sie damit an zweiter Stelle der Nachfolgebanken. Mit großem Abstand die höchste Bilanzsumme (891 Millionen DM) der zehn Teilinstitute hatte die in Nordrhein-Westfalen tätige Rheinisch-Westfälische Bank, die die Wirtschaftskraft des Ruhrgebiets widerspiegelte. Schlusslicht unter den zehn Nachfolgebanken war die Württembergischen Vereinsbank in Reutlingen, deren Bilanzsumme sich nur auf 44 Millionen DM belief.

Der Geschäftsleitung der Südwestbank gehörten in Mannheim weiterhin Heinz Cammann, Philipp Frank und Heinrich Klöckers und in Stuttgart Trudbert Riesterer und Alfred Rosewick an. In Freiburg blieben ebenfalls die bisherigen Direktoren Karl Butsch und Gerhard Römer im Amt. Trotz aller Umbrüche blieb die personelle Kontinuität gewahrt.

Eine entscheidende Rolle in den Nachfolgebanken spielten die Verwalter. Sie waren Vorstand, Aufsichtsrat und Hauptversammlung in einer Person. Einige von ihnen nahmen den von den Alliierten erteilten Auftrag, die regionalen Institute zu verselbständigen und dafür Sorge zu tragen, dass kein Kontakt zu den Altbanken zustande kam, äußerst ernst. Der Verwalter der Südwestbank, der Rechtsanwalt und Ministerialrat August Neuburger, umging hingegen diese strenge Anweisung und arbeitete von Anfang an eng mit den ehemaligen Filialdirektoren der Deutschen Bank in Mannheim und Stuttgart zusammen und ließ dem Regionalinstitut eine vertretbare Selbständigkeit.

Die Geschäfte liefen wieder an, und die Südwestbank erzielte schon bald „beachtliche Erfolge", so schrieb 1952 die Treuverkehr Wirtschaftsprüfungs-Aktiengesellschaft in ihrem Bericht über die Prüfung der Jahresabschlüsse 1948 bis 1951. Dies sei umso bemerkenswerter, da durch die Währungsumstellung ein großer Teil der eigenen Mittel sowie die gesamten in vielen Jahren angesammelten stillen Reserven verloren gegangen und die Neuausstattung mit einem Eigenkapital von rund 2 Millionen DM völlig unzureichend sei und in krassem Missverhältnis zu den an die Bank gestellten Kreditwünschen der Wirtschaft stehe.

„Wenn die Bank trotzdem" – so hieß es weiter im Bericht der Treuverkehr – „den an sie gestellten Anforderungen gerecht werden konnte, so kamen hierbei in der Hauptsache folgende Faktoren zu Hilfe: 1. Die langjährigen Erfahrungen und die Anpassungsfähigkeit ihrer leitenden Herren; 2. Das unerschüttert gebliebene Vertrauen der Kundschaft; 3. Die Einsatzfreudigkeit und die traditionsbewusste Haltung ihres geschulten Personalkörpers, sowie 4. Die sinngemäße Weiterführung der straffen und bewährten Organisation der Deutschen Bank." Bei den gewährten Krediten der Südwestbank habe sich gezeigt, dass sowohl hinsichtlich der Branchen- als auch der Größengliederung ein günstiges Streuungsverhältnis vorhanden sei. Ein Schwerpunkt zeichne sich bei den Branchen Elektrotechnik, Feinmechanik und Optik, im Maschinen- und Fahrzeugbau sowie in den Bereichen Textil und Bekleidung ab.[22]

Der Zustand der nur auf Länderebene tätigen Teilbanken wurde von der gesamten deutschen Wirtschaft als lähmend empfunden. Mit politischer Unterstützung traten sie an die Alliierten mit Vorschlägen heran, um die Funktionsfähigkeit des Bankwesens wiederherzustellen. Sie forderten vor allem den Zusammenschluss der ehemaligen Filialgroßbanken. Da sie zu diesem Zeitpunkt noch keine Möglichkeit zur Wieder-

Der Verwalter der Südwestbank August Neuberger.

Anzeige der neu gegründeten Süddeutschen Bank von 1952.

herstellung der früheren Großbanken sahen, beschränkten sie sich auf den Vorschlag, für jede der drei ehemaligen Großbanken drei leistungsfähige Nachfolgeinstitute zuzulassen.

Erst nach zweijährigen zähen Verhandlungen mit den alliierten Behörden konnte dieser Vorschlag verwirklicht werden. Das „Gesetz über den Niederlassungsbereich von Kreditinstituten" vom 29. März 1952, das sogenannte „Großbankengesetz", schuf für die ehemaligen Großbanken jeweils drei Nachfolgeinstitute in der Rechtsform einer Aktiengesellschaft. Für die Deutsche Bank waren dies die Rheinisch-Westfälische Bank AG in Düsseldorf, die Norddeutsche Bank AG in Hamburg und die Süddeutsche Bank AG in München.

Die Südwestbank in Mannheim und Stuttgart ging 1952 zusammen mit der Bayerischen Creditbank, München, der Hessischen Bank, Frankfurt am Main, der Oberrheinischen Bank, Freiburg, der Rheinischen Kreditbank, Ludwigshafen, und der Württembergischen Vereinsbank, Reutlingen, in der neuen Süddeutschen Bank AG mit Sitz in München auf. Zentralen befanden sich in München und in Frankfurt, daneben bestanden 101 Geschäftsstellen. Den Vorstand der Süddeutschen Bank bildeten Hermann J. Abs als Sprecher, Robert Frowein und Walter Tron, der von 1937 bis 1939 stellvertretender Direktor in Mannheim gewesen war.

3. Die Süddeutsche Bank im neuen Bundesland Baden-Württemberg

Noch bevor die drei Nachfolgeinstitute der Deutschen Bank, darunter die Süddeutsche Bank, entstanden, kam es im Südwesten der jungen Bundesrepublik zur einer Neuordnung der Ländergrenzen, die von den Alliierten nach Kriegsende teilweise unter Missachtung der historisch gewachsenen Territorialordnung gezogen worden waren. Der politische Wille zur Schaffung eines gemeinsamen Südweststaats wurde 1951 in einer Volksabstimmung zur Entscheidung gestellt. Eine Mehrheit im gesamten Abstimmungsgebiet sprach sich für den Südweststaat aus, wobei in Nord- und Südbaden eine knappe Mehrheit für die Wiederherstellung eines eigenen Landes Baden votierte. Am 25. April 1952 wurde der erste Ministerpräsident des neuen Südweststaats gewählt, der nach intensiven Debatten den Namen Baden-Württemberg erhielt.

In dem neuen Bundesland befanden sich drei der insgesamt sechs Filialbezirke der Süddeutschen Bank: der Badisch-Pfälzische Bezirk mit der Hauptfiliale Mannheim, dessen Zuständigkeit sich neben Nordbaden auch auf Teile von Rheinland-Pfalz erstreckte, der Württembergische Bezirk mit der Hauptfiliale Stuttgart und der Oberbadische Bezirk mit der Hauptfiliale Freiburg.

Die Geschäftsleitung in Mannheim, der weiterhin Heinz Cammann und Philipp Frank angehörten, wurde 1952 durch Hans Feith und 1956 durch Ernst Plesser ergänzt. Ende 1952 bezog die Filiale Mannheim ihr neues Hauptgebäude, Am Wasserturm, P 7, 11–15. Es ist noch heute der Sitz der Deutschen Bank in Mannheim. Die bisherigen Räume im Gebäude B 4, 10a wurden als Zweigstelle weiterhin genutzt.

Die Filiale Mannheim konnte ihren Neubau am Wasserturm Ende 1952 beziehen.

Die Hauptfiliale Stuttgart, die weiterhin von Trudbert Riesterer und Alfred Rosewick geleitet wurde, baute ihr im Krieg bezogenes Ausweichquartier in der Abteilung Gymnasiumstraße – zuerst in die Höhe, dann in die Breite – aus. Mit der Zeit nahm die Bank die ganze Front der Gymnasiumstraße zwischen der König- und Kronprinzstraße ein. Doch auch diese Räumlichkeiten genügten den wachsenden Geschäften bald nicht mehr. Die Filialleitung dachte daher an einen Neubau in dem Block zwischen Rote Straße, Kiene-, Calwer- und Kanzleistraße. Dieses Areal – hier befand sich einst das Gebäude der Württembergischen Bankanstalt, vorm. Pflaum & Co, die 1922 in der Württembergischen Vereinsbank aufging – sicherte man

Der Neubau der Filiale Stuttgart wurde Ende 1956 fertiggestellt.

sich in Verhandlungen mit der Stadt Stuttgart, die dafür Tauschgelände von der Süddeutschen Bank erhielt, darunter auch das Grundstück der ehemaligen Württembergischen Vereinsbank in der Friedrichstraße.

1955 begannen die Bauarbeiten für den neuen dreiteiligen Gebäudekomplex, den der

Architekt Herbert Dionisius aus München entworfen hatte und den die Bauunternehmen Karl Kübler und Philipp Holzmann errichteten. Am 19. November 1956 konnte die Filiale ihren Geschäftsbetrieb in den neuen Gebäuden – an der heutigen Theodor-Heuss-Straße – aufnehmen.

Die Teilinstitute und ihr Weg
zur neuen Deutschen Bank
von 1947/48 bis 1957.

Die Bemühungen um eine Wiederherstellung der früheren Großbanken gingen inzwischen weiter. Die Vorstände der drei Nachfolgebanken der Deutschen Bank trafen sich bereits ab Ende 1952 zu regelmäßigen Gemeinschaftssitzungen. 1955 vereinbarten die drei Institute außerdem vertraglich, einen Gewinn- und Verlustausgleich untereinander vorzunehmen. Dadurch gelang es, die Regionalbanken, die als wichtigstes Aktivum den „Goodwill" der Ursprungsbank weitergetragen hatten, ertragsmäßig einander näherzubringen.

Von Anfang 1956 an wirkten die Nachfolgebanken und die Bundesregierung mit Erfolg gemeinsam darauf hin, das „Großbankengesetz" von 1952 aufzuheben. Das „Gesetz zur Aufhebung der Beschränkung des Niederlassungsbereichs von Kreditinstituten" vom 24. Dezember 1956 machte den Weg frei für die Wiedervereinigung der Großbanken. Die Hauptversammlungen der drei Nachfolgebanken der Deutschen Bank beschlossen im April 1957 die Vereinigung zu einem einheitlichen Institut unter dem Namen „Deutsche Bank Aktiengesellschaft". Am 2. Mai 1957 erfolgte der Eintrag ins Handelsregister. Neben dem juristischen Sitz in Frankfurt am Main erhielten auch die Niederlassungen Hamburg und Düsseldorf Funktionen der Zentrale. Dem ersten, elfköpfigen Vorstand des vereinigten Instituts gehörten Hermann J. Abs als Sprecher, Erich Bechtolf, Robert Frowein, Fritz Gröning, Hans Janberg, Karl Klasen, Heinz Osterwind, Clemens Plassmann, Jean Baptist Rath, Walter Tron und Franz Heinrich Ulrich an. Mit Walter Tron zählte erstmals ein ehemaliger Direktor der Filiale Mannheim zu den Vorstandsmitgliedern der Deutschen Bank.

fünf

Die Deutsche Bank
im Südwesten von 1957
bis zur Gegenwart

1. Einstieg und Ausbau: Die Entwicklung des Privatkundengeschäfts

Das Geschäft der Deutschen Bank im Südwesten ist traditionell stark durch das Firmenkundengeschäft geprägt. Die Kundenbeziehungen der Deutschen Bank gehen dabei vielfach, wie eingangs beschrieben, auf das Industriegeschäft der Württembergischen Vereinsbank, der Rheinischen Creditbank und der Süddeutschen Disconto-Gesellschaft zurück und beginnen bereits in der zweiten Hälfte des 19. Jahrhunderts. Als roter Faden zieht sich das Industriegeschäft mit all seinen Facetten bis in die jüngste Zeit und macht die Bank zum größten Industriefinanzierer im Südwesten. Sie besitzt sowohl eine starke mittelständische Kundschaft als auch viele erfolgreiche Großkunden. Das Auslandsgeschäft für die Industriekunden nimmt dabei in einer so exportorientierten Wirtschaft wie der baden-württembergischen einen hohen Stellenwert ein.

Ende der 1950er-Jahre erfuhr das Bankgeschäft in der Bundesrepublik jedoch eine entscheidende Neuerung und Erweiterung. Die Deutsche Bank stieg in großem Stil in das Privatkundengeschäft ein. Nach der Einführung des Sparkontos im Jahr 1929 war dies eine weitere einschneidende Veränderung im Geschäft mit den privaten Kunden, galt die Bank doch bisher vor allem als Anlaufstelle für große Unternehmen, Konzerne und Institutionen. Zwar hatte sie schon seit ihrer Gründung 1870 selbständige Kaufleute, Freiberufler, leitende Angestellte, die Spitzen der Verwaltung und Politik sowie Privatleute mit überdurchschnittlichen Einkommen mit Bankdienstleistungen versorgt, doch erst jetzt öffnete sie sich einem breiten Privatpublikum und offerierte in den nächsten Jahren schrittweise eine umfassende Palette standardisierter Bankdienstleistungen für den Bedarf von Arbeitnehmerhaushalten.

Am 2. Mai 1959 nahm die Deutsche Bank – zugleich mit der Dresdner und der Commerzbank – das Kleinkreditgeschäft auf. Damit folgte sie einer Entwicklung, die schon lange vor dem Zweiten Weltkrieg in den Vereinigten Staaten begonnen hatte. Im Herbst 1958 führte die britische Midland Bank als erste europäische Bank

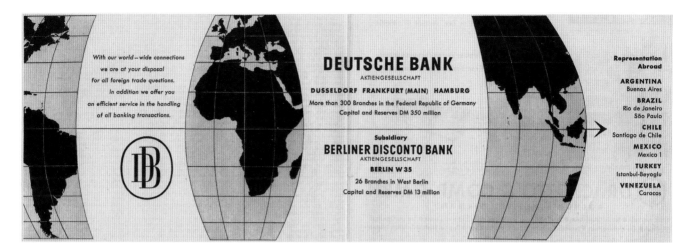

DEUTSCHE BANK

AKTIENGESELLSCHAFT

DUSSELDORF   FRANKFURT (MAIN)   HAMBURG

More than 300 Branches in the Federal Republic of Germany
Capital and Reserves DM 350 million

Subsidiary

BERLINER DISCONTO BANK

AKTIENGESELLSCHAFT

BERLIN W 35

26 Branches in West Berlin
Capital and Reserves DM 13 million

With our world – wide connections
we are at your disposal
for all foreign trade questions.
In addition we offer you
an efficient service in the handling
of all banking transactions.

Representation
Abroad

ARGENTINA
Buenos Aires

BRAZIL
Rio de Janeiro
São Paulo

CHILE
Santiago de Chile

MEXICO
Mexico 1

TURKEY
Istanbul-Beyoglu

VENEZUELA
Caracas

den Kleinkredit als neuen Geschäftszweig ein, andere Banken folgten bald. Entscheidend für den Einstieg der deutschen Großbanken in das Privatkundengeschäft waren die weitreichenden wirtschaftlichen und sozialen Veränderungen nach dem Zweiten Weltkrieg. Das gestiegene Realeinkommen breiter Schichten der Bevölkerung hatte die Sozialstruktur verändert, die Lebensansprüche waren gestiegen und man suchte den Lebensstandard weiter zu verbessern. Viele Menschen begnügten sich nicht mehr damit, für besondere Ausgaben lediglich ihre Ersparnisse zu verwenden, sondern leisteten sich Vorgriffe auf künftige Einnahmen.

„Wir können diese Entwicklung nicht unbeachtet lassen", hieß es damals in einem Rundschreiben der Bank. „Da wir Wert darauf legen, einen angemessenen Anteil an den Geldgeschäften der breiten Schicht der Arbeitnehmer zu erhalten, wollen wir unsere Bereitwilligkeit erkennen lassen, erforderlichenfalls auch mit Krediten zur Verfügung zu stehen."[23] Der Persönliche Klein-Kredit trat neben die Führung von Lohn- und Gehaltskonten als ein weiterer Schritt in dem Bemühen, neue Kreise der Bevölkerung als Bankkunden und damit letztlich als Einleger zu gewinnen. Auch wenn das „Mengengeschäft" zunächst von vielen

Mit ihren weltweiten Geschäftsverbindungen warb die Deutsche Bank bereits 1957 insbesondere bei Firmenkunden.

Werbung der Deutschen Bank für den 1959 eingeführten Persönlichen Klein-Kredit.

– innerhalb und außerhalb der Bank – als „Kleingärtner-" oder „Dienstmädchen-Geschäft" belächelt wurde, zählte es bald zu den wichtigsten Geschäftszweigen und führte zu einer tiefgreifenden Änderung der Kundenstruktur. Die traditionell industrieorientierte Deutsche Bank erschloss sich eine neue Kundenschicht, die bisher eine Domäne von Sparkassen, Genossenschaftsbanken und Spezialbanken gewesen war.

Der Konsumentenkredit folgte eigenen, vom klassischen Kreditgeschäft stark abweichenden und vereinfachten Prinzipien: Er war – wie der Name schon sagt – ein persönlicher Kredit. Er gründete auf der Person des Kreditnehmers, auf seinem sicheren Einkommen und auf einem angemessenen Verhältnis des Kreditbetrags zu Lohn oder Gehalt einerseits und den laufenden Verpflichtungen andererseits. Der Höchstbetrag waren 2.000 DM, der Mindestbetrag 300 DM; die Rückzahlung geschah ratenweise.

Bereits im Jahr der Einführung des neuen Produkts gewährte allein die Filiale Mannheim Persönliche Klein-Kredite von insgesamt 2,6 Millionen DM. In dieser Zeit wurden 3.000 Kreditanträge bearbeitet, von denen rund ein Viertel abgelehnt wurde. Die Bearbeitung eines Kredits dauerte in der Regel nur zwei bis drei Tage. Damit lag die Deutsche Bank beispielsweise in Mannheim vor allen Wettbewerbern.

Im kommenden Jahrzehnt erweiterte die Bank ihr Angebot für Privatkunden deutlich: Auf den Persönlichen Klein-Kredit folgte 1961 das Vermögenswirksame Sparen (312 DM-Gesetz), 1962/63 das Persönliche Anschaffungs-Darlehen, später auch das Persönliche Auto-Darlehen und andere Varianten, 1964 der Dauerauftrag und das Lastschriftverfahren, 1968 das Persönliche Hypotheken-Darlehen und die Scheckkarte im Inland, 1969 die Internationalisierung der Scheckkarte im Rahmen des Eurocheque-Systems.

2. Expansion in die Fläche

Der Wunsch, an dem neuen Marktpotenzial einen möglichst großen Anteil zu gewinnen, führte zur raschen Ausweitung des Geschäftsstellennetzes. Auch im Südwesten begann in den 1960er-Jahren die große Zeit der Zweigstellen, als durch die Einführung von persönlichen Konten und Krediten, durch immer neue Angebote im Zahlungsverkehr und in der Finanzierung weitere Kundenkreise gewonnen werden konnten. Beratungskapazitäten entstanden, die speziell auf das Privatkundengeschäft hin zugeschnitten waren. Kaum jemand ahnte

anfangs, welchen Umfang der private Zahlungsverkehr einmal annehmen und vor allem, was er kosten würde. Der Streit um Kosten und Preise schlug insbesondere in den 1970er-Jahren hohe Wellen, nachdem die Deutsche Bank 1972 – als das Zeitalter der Lohntüte endgültig vorbei war – für das „Persönliche Konto" Kontoführungsgebühren eingeführt hatte. Ähnlich wie der Benzinpreis waren die Konditionen der Banken im Privatkundengeschäft „politische" Preise geworden.

Werbeanzeige von 1964 für das Zweigstellennetz der Deutschen Bank im Landesteil Baden.

Schalterverkehr in der Mannheimer Zweigstelle Waldhof um 1960.

Die wachsende Bedeutung des Privatkunden-geschäfts machte sich in den 1970er-Jahren auch im Erscheinungsbild der Filiale bemerkbar. Neben der Notwendigkeit, die vorhandene Fläche zu erweitern, stand die Frage im Vordergrund, durch welche baulichen Maßnahmen der Service verbessert werden konnte. Die Filiale Mannheim spielte dabei eine Vorreiterrolle. Als ihre Kunden-halle nach 15 Monaten Bauzeit im März 1974 der Öffentlichkeit vorgestellt wurde, sorgte das neue Servicekonzept für Aufsehen. Die Idee, die hinter der Neugestaltung steckte, war die Übertragung der überschaubaren Atmosphäre einer Zweig-stelle in das Hauptgeschäft mit seinen mehr als

15.000 Kunden. Deshalb wurde der Umbau genutzt, um nicht nur die Schalterfronten aufzulösen, sondern die Abläufe neu zu strukturieren.

Man ging von der gewohnten, spartenbezogenen Einrichtung der Kundenhalle ab. Die Wünsche der Kunden, ihre Geldgeschäfte rasch und zuverlässig erledigen zu können und dafür einen Mitarbeiter der Bank vorzufinden, der sie persönlich kennt und umfassend, auf ihre speziellen Verhältnisse zugeschnitten, berät, gaben den Ausschlag dafür. Die Kunden sollten für die meisten ihrer Geschäfte immer mit demselben Berater zu tun haben; lediglich Baufinanzierung und Wertpapierberatung wurden ausgenommen, weil sie wegen der dort gefragten Spezialkenntnisse als selbständige Abteilungen beibehalten werden mussten. Es entstand die Idee, vier Zweigstellen in der Form von Servicegruppen gleichsam nachzubilden, in denen die wesentlichen Dienstleistungen der Bank angeboten werden.

Diese Organisationsform, die als das „Mannheimer Modell" in der Bank bekannt wurde, nahmen Kunden und Beschäftigte positiv auf. Die anfänglichen Vorbehalte aus der Zentrale konnten durch das große Interesse aus anderen Filialen, aber auch anderer Banken und nicht zuletzt durch die erfreuliche Entwicklung in Mannheim selbst sukzessive ausgeräumt werden. Nach einem Jahr hielt ein Erfahrungsbericht der Filiale fest, dass sich das neue Modell

voll bewährt habe. Sowohl die Kunden als auch die Mitarbeiterinnen und Mitarbeiter hätten es akzeptiert; die vielseitigere und abwechslungsreichere Arbeit trage wesentlich zur Zufriedenheit am Arbeitsplatz bei. Das Mannheimer Modell sollte Schule machen.

Am Beispiel des Filialbezirks Stuttgart lässt sich die Filialexpansion der Nachkriegsjahrzehnte exemplarisch zeigen. Dort stieg die Zahl der Niederlassungen von 13 im Jahr 1948 auf 22 im Jahr 1960. 1970 gab es bereits 58 Niederlassungen und 1980 war die Bank an 74 Plätzen im schwäbischen Raum vertreten. Ende des 20. Jahrhunderts war mit 78 Niederlassungen der Höhepunkt erreicht.

Parallel dazu entwickelte sich die Zahl der Mitarbeiterinnen und Mitarbeiter im Stuttgarter Bezirk. Sie stieg von 544 (1950) auf 1.119 (1960), 1.892 (1970), 2.324 (1980) und 2.714 im Jahr 1990. Im Juli 1999 waren im Gesamtbezirk Stuttgart 2.060 Personen tätig, davon 51 Prozent Männer und 49 Prozent Frauen.

Leiter des Privatkundengeschäfts in Stuttgart war von 1980 bis zu seiner Berufung in den Vorstand der Deutschen Bank im Jahr 1985 Georg Krupp. Für seinen Geschäftsbereich ließ er eine der ersten Gemeinkosten-Wertanalysen der Bank durchführen. Dabei kam heraus, dass deutlich weniger als die Hälfte der Mitarbeiterinnen und Mitarbeiter im kundennahen

Bereich tätig waren. Die überwiegende Zahl arbeitete im Back-Office. Bereits damals begann die Reorganisation des verarbeitenden Bereichs aufgrund der Wertkostenanalyse und Entscheidungen, auf welche Aufgaben verzichtet werden konnte.

Ab Mitte der 1990er-Jahre wurde auch im Südwesten begonnen, Standorte zu schließen beziehungsweise in reine Selbstbedienungsstellen umzuwandeln. Technische Innovationen wie Geldautomaten, Kontoauszugsdrucker und Onlinebanking führten zu einem veränderten Kundenverhalten. Zugleich wurden viele

Arbeitsprozesse von den Filialen in neu geschaffene Service-Center verlagert. Diese Entwicklung hält bis in die Gegenwart an.

Mit dem „Mannheimer Modell", das die Organisationsstruktur und das Erscheinungsbild der Deutschen Bank revolutionierte, hielten Farben Einzug in die Geschäftsräume der Bank.

Made in Stuttgart: der Schrägstrich im Quadrat

Für die Deutsche Bank ist seit 1974 der Schrägstrich im Quadrat das allgegenwärtige Firmenzeichen. Es steht für Sicherheit und dynamisches Wachstum. Der Vater des heute weltweit bekannten abstrakten Zeichens war der Stuttgarter Grafiker Anton Stankowski. Sein Entwurf ging zwar nicht als Sieger aus dem Wettbewerb hervor, den die Bank schon 1972 ausgelobt hatte, um sich ein modernes Erscheinungsbild zu geben, doch der Vorstand setzte sich über die Jury hinweg und entschied sich für Stankowskis einprägsames Zeichen. Wie der damalige Leiter der Werbeabteilung der Deutschen Bank im Rückblick feststellte, erlangte der Schrägstrich im Quadrat innerhalb kürzester Zeit einen Bekanntheitsgrad wie der Stern von Mercedes-Benz. Die Angestellten der Bank tauften es „Wegweiser".

Der Grafiker, Maler und Fotograf Anton Stankowski, der auch in den Jahren nach der Einführung des Logos an der Gestaltung der Briefbögen, der Visitenkarten und der Außenwerbung mitwirkte, gilt als Pionier des Grafikdesigns und Altmeister des Konstruktivismus. Sein Name steht für die Vereinbarkeit von freier und angewandter Kunst. Der 1906 in Gelsenkirchen geborene Sohn eines Bergmanns studierte an der Folkwangschule in Essen und entwickelte Anfang der 1930er-Jahre in Zürich die „konstruktive Grafik". 1951 gründete Stankowski in Stuttgart sein eigenes grafisches Atelier. Dort erarbeitete der Künstler mit seinen Partnern mehrere Tausend Formen und Zeichen; so manche lassen sich in einem Firmensignet wiederfinden. Anton Stankowski starb am 10. Dezember 1998 in Esslingen.

Der Stuttgarter Grafiker Anton Stankowski gestaltete das 1974 eingeführte Logo der Deutschen Bank.

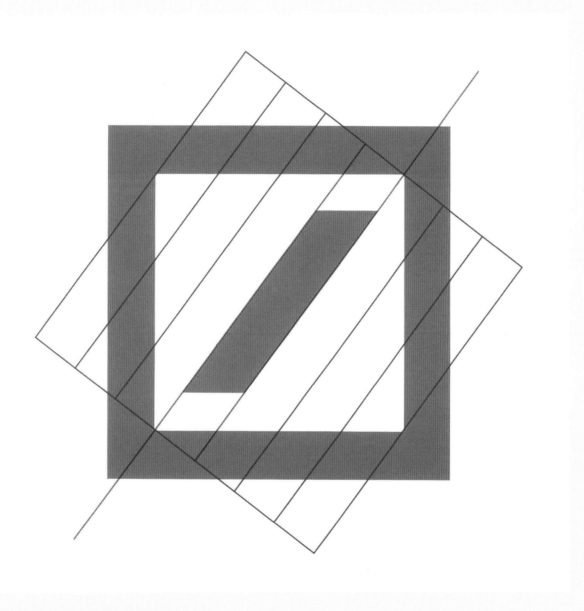

Seit 1974 ist der Schrägstrich im Quadrat das weltweit
bekannte Firmenzeichen der Deutschen Bank.

3. Die Anfänge der elektronischen Datenverarbeitung

In den 1950er-Jahren bahnten sich viele der Veränderungen an, die die deutsche Bankenlandschaft entscheidend prägen sollten. In den Wiederaufbaujahren, als Produktpolitik bei den Banken eine geringe Rolle spielte, waren viele Arbeitsabläufe seit dem Beginn des 20. Jahrhunderts im Prinzip unverändert geblieben. Vielfach wurden Bücher und Kladden noch mit der Hand geführt, viele Dokumente mussten abgetippt werden, weil Fotokopien teuer und die Geräte rar waren. Es war höchste Zeit zu überlegen, wie mit Hilfe moderner Bürotechnik die ständig wachsende Zahl von zu erfassenden Geschäftsvorfällen rasch, exakt und zu wirtschaftlich vertretbaren Bedingungen zu bewältigen war. Die Hinwendung zum Privatkunden durch die Einführung der bargeldlosen Lohn- und Gehaltszahlung, die dadurch bedingten Veränderungen der Zahlungsgewohnheiten und das Angebot von standardisierten Krediten an Private hatten eine jährliche Zuwachsrate der Postenzahlen im Kontokorrent um rund zehn Prozent zur Folge – bei gleichzeitig zunehmender Knappheit von Arbeitskräften. Die damals geläufigen Bezeichnungen „Mengengeschäft" oder gar „Massengeschäft" deuteten auf diese Seite der neuen Entwicklung hin. Eine Erhöhung der Produktivität durch den Einsatz leistungsfähiger Maschinen war daher dringend geboten.

Die elektronische Datenverarbeitung begann ihren Einzug zu halten. Nachdem die einschlägigen Herstellerfirmen auf die Bedürfnisse der Branche zugeschnittene Datenverarbeitungsanlagen anboten, installierte die Bank zwei Testanlagen: in Wuppertal vornehmlich für den Kontokorrentsektor und in Stuttgart für den Depotbereich, wo bereits 1958 die komplette Depotbuchhaltung mit diesem Verfahren abgewickelt werden konnte. Die bei den beiden Teststellen gesammelten Erfahrungen veranlassten den Vorstand, bei weiteren größeren Hauptfilialen, die als Buchungszentralen vorgesehen waren – darunter auch Mannheim –, entsprechende Großrechner einzusetzen.

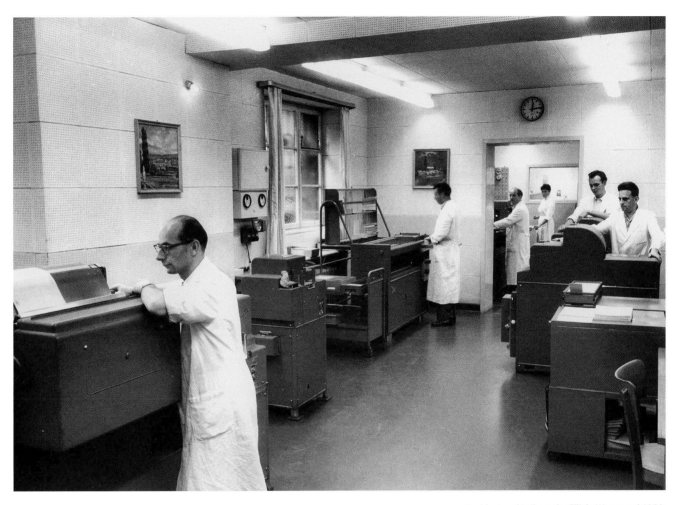

Lochkartenabteilung der Filiale Wuppertal 1958.

Lochkarte der Deutschen Bank
für den Depot-Bestand.

Zunächst wurde auf der Basis der Lochkartentechnik das Effekten- und Depotgeschäft, das bis dahin noch weitgehend handschriftlich (Personen-Depotbücher und Sachdepot-Karteikarten) oder mit Hilfe von bandbedienten, konventionellen Schreib- und Rechenmaschinen (Depotauszüge, Kupongutschriften, Effektenabrechnungen) abgewickelt wurde, in die Umstellung einbezogen. Eine Arbeitsgruppe, die sich mit den umfangreichen organisatorischen und technischen Vorbereitungen befasste, nahm in Mannheim 1958 ihre Tätigkeit auf. Die sehr aufwendigen Vorleistungen für die Übernahme der Personen- und Bestandsdaten auf Lochkarten sowie deren fortwährende Pflege bis zur endgültigen Nutzung konnten so abgeschlossen werden, dass die ersten Depotauszüge für den Platz Mannheim zum Jahresende 1959 mit Hilfe der Lochkartenanlage in einer für damalige Begriffe sensationellen Zeit von wenigen Tagen ausgedruckt werden konnten – zuvor hatte sich das Abschreiben der Bestände aus den Personendepotbüchern unter Einsatz zahlreicher zusätzlicher Schreibkräfte über Wochen bis in den Februar hingezogen. Nach Übernahme der Depotbestände war es auch möglich, auf das zeitraubende Ausschreiben der Zins- und Dividendengutschriften mit Schreibmaschinen zu verzichten, das an den großen Zinsterminen und in der Zeit der Hauptversammlungen meist ebenfalls Wochen gedauert hatte. Nun war der entsprechende Ausdruck durch die Lochkartenmaschine in wenigen Stunden erledigt.

Eine außerordentliche Belastungsprobe hatte die Datenverarbeitung auch bei der Ausgabe von „Volksaktien" im Zusammenhang mit der Privatisierung des Volkswagenwerks im Jahr 1961 zu bestehen. In kürzester Zeit waren Zusatzarbeiten wie Zeichnungen, Depoteröffnungen, Abrechnungen, Zuteilungen und Zahlungsvorgänge zu bewältigen, die im herkömmlichen Verfahren sicher nur unter erheblichen innerbetrieblichen Anstrengungen aufzufangen gewesen wären.

Mit einer Lochkartenanlage konnten zwar das Depot- und Effektengeschäft, nicht aber das vom Umfang her bedeutendere Kontokorrent- und Spargeschäft abgewickelt werden. Dies musste einem späteren Zeitpunkt bis zur Anschaffung einer elektronischen Datenverarbeitungsanlage vorbehalten bleiben. 1962 beschloss der Vorstand der Bank, auch in Mannheim die vorhandene Lochkartenanlage durch eine elektronische Datenverarbeitungsanlage mit fünf Magnetbandeinheiten zu ersetzen. Die neue Anlage konnte im September

1963 in Betrieb genommen werden. Um erste Erfahrungen zu sammeln, wurden im Januar 1964 zunächst nur die Personalkonten in die Umstellung einbezogen. Nach Überwindung der Anlaufschwierigkeiten geschah die Umstellung so zügig, dass bereits im April alle Kontokorrentkonten des Hauptgeschäfts und der Zweigstellen – insgesamt rund 19.000 – sowie die Daueraufträge übernommen waren. Im Lauf des Jahres kamen weitere Filialen hinzu, sodass Ende 1964 der erste vollmaschinelle Kontoabschluss möglich war. Damit gehörten die wochenlangen, mit vielen Überstunden von einer Vielzahl qualifizierter Mitarbeiter durchgeführten Jahresabschlussarbeiten der Vergangenheit an. Einen großen Rationalisierungseffekt brachte die „permanente Zinsrechnung" für Privat- und Geschäftskonten, in dem bei der Umsatzverbuchung sogleich die Zinszahlen errechnet und im Kontoblättchen ausgedruckt wurden. Daneben gab es weiterhin monatlich im Nachhinein aufgestellte Zinsstaffeln für Großkunden. Ab 1964 übernahm das Rechenzentrum Mannheim auch die Gehaltsabrechnung für den gesamten Südbereich der Bank.

1965 wurde in Mannheim auch der Sparsektor auf EDV umgestellt, womit die Filiale in diesem Sektor Vorreiterin der Gesamtbank war. Im Frühjahr 1966 folgte die Umstellung der Kontoführung für den Persönlichen Klein-Kredit. Von besonderem Vorteil war nun die maschinelle Überwachung der Kreditabwicklung durch den regelmäßigen Ausdruck von Ratenrückstands- und Mahnlisten.

Nachdem es in der ersten Phase der Einführung der Datenverarbeitung in der Bank vorrangig war, mit Hilfe moderner Technik regelmäßig und in großen Mengen anfallende Vorgänge rationell abzuwickeln, standen für die nächsten Schritte Überlegungen im Vordergrund, wie unter Heranziehung der anfallenden Daten weitergehende Informationen gewonnen werden können. Mit ihnen sollten sich die Entwicklung und der Nutzen einzelner Geschäftsbereiche und Kundenverbindungen beurteilen und geschäftspolitische Entscheidungen zielgerecht treffen lassen. Hierzu gehören beispielsweise die Konten-/Kunden-Kalkulationen, die Geschäftsstellenrechnung und der große Block des Informationswesens. Für diese erweiterte Aufgabenstellung war eine EDV-Anlage größerer Kapazität erforderlich, die im Herbst 1966 installiert wurde.

Im Verlauf der 1960er-Jahre hielt die elektronische Datenverarbeitung in fast allen Sparten Einzug, zunächst für die Verarbeitung der sprunghaft wachsenden Abrechnungs-, Zahlungs- und Buchungsvorgänge, später zunehmend als Informationsmedium für die Geschäftssteuerung und Kundenberatung. Im Zuge einer Straffung der Datenverarbeitung in der Bank wurde 1972 die Auflösung der Rechenzentren Mannheim und Karlsruhe beschlossen.

1975 entschied der Vorstand der Deutschen Bank, mit dem Einsatz von Terminals im Schalterbereich zu beginnen. Ab 1977 wurden sukzessive über 800 Terminals in verschiedenen Filialbezirken zunächst nur für die Abwicklung des Sparverkehrs, später auch für Kundendatenverarbeitung, das direkte Ordern und für die Errechnung und den Ausdruck von Anlagemöglichkeiten installiert. 1982 wurde entschieden, das Projekt fortzuführen. Aufgrund der inzwischen gewachsenen Ansprüche und der Weiterentwicklung der Computertechnik wurde das Terminalkonzept modifiziert. In Anpassung an die betrieblichen Belange und die technischen Möglichkeiten baute es auf mehreren Ebenen auf und nutzte Geräte mehrerer Hersteller.

Die elektronische Datenverarbeitungsanlage IBM 1401 Anfang der 1960er-Jahre.

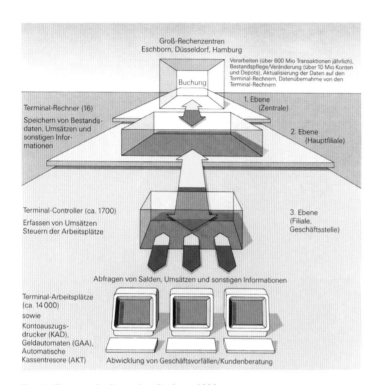

Groß-Rechenzentren
Eschborn, Düsseldorf, Hamburg

Verarbeiten (über 600 Mio Transaktionen jährlich),
Bestandspflege/Veränderung (über 10 Mio Konten
und Depots), Aktualisierung der Daten auf den
Terminal-Rechnern, Datenübernahme von den
Terminal-Rechnern

Buchung

1. Ebene
(Zentrale)

2. Ebene
(Hauptfiliale)

Terminal-Rechner (16)

Speichern von Bestands-
daten, Umsätzen und
sonstigen Infor-
mationen

Terminal-Controller (ca. 1700)

Erfassen von Umsätzen
Steuern der Arbeitsplätze

3. Ebene
(Filiale,
Geschäftsstelle)

Abfragen von Salden, Umsätzen und sonstigen Informationen

Terminal-Arbeitsplätze
(ca. 14 000)
sowie
Kontoauszugs-
drucker (KAD),
Geldautomaten (GAA),
Automatische
Kassentresore (AKT)

Abwicklung von Geschäftsvorfällen/Kundenberatung

Terminalkonzept der Deutschen Bank von 1986.

Nach Erarbeitung der technischen Konzeption wurde 1983 im Mannheimer Bezirk für einen ersten Praxistest die Filiale Heidelberg ausgewählt. Wie kaum anders zu erwarten, gab es zunächst Probleme. Bei einem derart komplexen Projekt, für das es kaum Beispiele in der Bank gab und an dem viele Stellen mitwirkten, konnten Unebenheiten nicht ausbleiben. Aber mit großem Engagement wurde erreicht, dass schon Anfang 1984 in den Echtbetrieb der vorgesehenen Anwendungen übergegangen werden konnte. 1984/85 wurde die Umsatzverarbeitung für den Spar- und Kassenbereich im gesamten Bezirk Mannheim eingeführt und es war nicht länger notwendig, täglich die ausgedruckten Kontoblättchen mit den Umsätzen des Vortages in die Kontomappen einzusortieren – mit dieser Tätigkeit pflegte morgens der Arbeitstag der Disponenten zu beginnen. Damit war der Einstieg in das Universalterminal-Konzept erfolgreich abgeschlossen. Sukzessive konnten anschließend weitere wesentliche Bereiche umgestellt werden.

1984 wurde der erste Geldautomat im Bezirk der Hauptfiliale Mannheim in Betrieb genommen, und 1985 installierte man die ersten Kontoauszugsdrucker. Die Kunden konnten fortan mit Hilfe ihrer Scheck- oder Kundenkarte Informationen über Umsätze und Kontostand für Girokonten selbst abrufen.

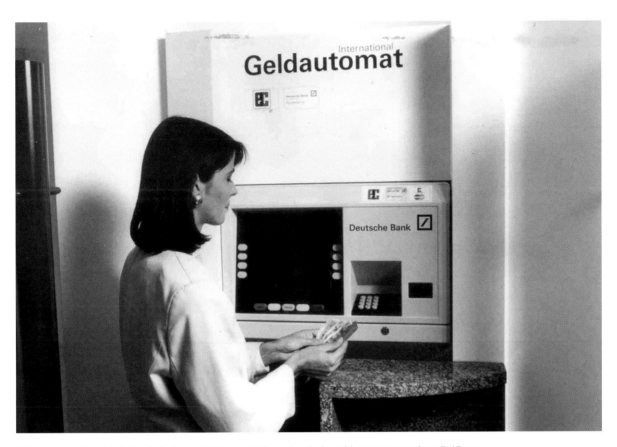

Mit Geldautomaten bot die Deutsche Bank ab Mitte der 1980er-Jahre die Bargeldversorgung rund um die Uhr an.

Dies war auch die Zeit, in der eine weiter deutlich zunehmende Wettbewerbsdynamik einsetzte, insbesondere bei den gehobenen Privatkunden. Auch bankfremde Unternehmen wie Versicherungen boten Finanzdienstleistungen an. In der Bank führte diese Entwicklung zu einer Produktvielfalt, die an die Mitarbeiterinnen und Mitarbeiter aufgrund der vielen Produktvarianten im Verkauf, aber auch in der administrativen Abwicklung außerordentlich hohe Anforderungen stellte. Als Stichworte seien hier nur genannt: Bausparverträge, Lebensversicherungen, Investmentfonds, sechs Baufinanzierungsbausteine mit verschiedenen Zusatzangeboten sowie Electronic-Banking-Produkte.

4. Das Geschäft mit Firmenkunden

Nach dem Jahrzehnt des Wiederaufbaus gewannen in den 1960er-Jahren die Internationalisierung der Märkte und der Strukturwandel in der Wirtschaft deutlich an Fahrt. Hinzu kam eine voranschreitende Unternehmenskonzentration mit Autonomieverlusten früher selbständiger Unternehmen infolge von Übernahmen. So verkaufte die Süddeutsche Bank bereits 1956 ihre Aktienmehrheit von 51 Prozent des Mannheimer Landmaschinenherstellers Heinrich Lanz AG an das US-amerikanische Unternehmen John Deere & Company, das den Standort Mannheim zu seinem europäischen Sitz ausbaute.

Bis in die 1970er-Jahre wurden die Firmenkunden noch aus einer Hand betreut, das heißt, für Kundenberatung, Kreditbearbeitung und Akquisition war derselbe Mitarbeiter zuständig. Der Allround-Banker war gefragt. Ein neues Organisationsmodell trennte dann nicht nur die Betreuung von Privat- und Firmenkunden, sondern auch Firmenkundenbetreuung und -akquisition einerseits und Kreditbearbeitung andererseits. Die Kundenbetreuer wurden von der internen Sachbearbeitung entlastet, um mehr Zeit für die Kundenbetreuung und die stärker systematisierten Akquisitionsaufgaben zur Verfügung zu haben. Dabei blieb es im Grundsatz bis in die späten 1980er-Jahre, als eine weitere Neustrukturierung die Produkt- und Verantwortungsbereiche stärker divisionalisierte.

Zudem neigte sich die Zeit dem Ende zu, in der Unternehmen bei der Bank um Kredite nachsuchten, die Bank das Kreditbegehren wohlwollend prüfte und gegebenenfalls eine entsprechende Genehmigung des Gesuchs erteilte. Über die klassische Kreditgewährung – und damit über die klassische Kreditbank – ist die Zeit hinweggegangen. Die Firmenkunden begannen, von ihrer Bank mehr zu erwarten, etwa Kreativität in der Lösung komplexer Probleme und das solide Management der Risiken.

Diese Entwicklung vollzog sich vor dem Hintergrund wachsender Konkurrenz im Firmenkundengeschäft. Ähnlich wie die Großbanken ab Anfang der 1960er-Jahre das Privatkundengeschäft systematisch forcierten, intensivierten die Sparkassen und Genossenschaftsbanken ihre Bemühungen um Firmenkunden. Hinzu kamen immer mehr ausländische Bankniederlassungen, die zum Großteil von Frankfurt aus über das Auslandsgeschäft Zugang zu Unternehmen in Südwestdeutschland suchten und teilweise auch fanden, zumal diese Banken deutschen Unternehmen mit ihren Diensten auch in ihren Heimatländern zur Verfügung standen. Dies zeigt, wie wichtig es auch für die Deutsche Bank war, die eigene Basis durch einen Ausbau der Auslandsniederlassungen und Tochtergesellschaften ab der Mitte der 1970er-Jahre zu stärken.

Werbung der Deutschen Bank von 1977 für ihre Angebote zur Außenhandelsfinanzierung.

Die Deutsche Bank und Mercedes-Benz

Hermann J. Abs, Vorstandsprecher der Deutschen Bank von 1957 bis 1967, beim Besuch des Messestands von Mercedes-Benz bei der Internationalen Automobil-Ausstellung (IAA) in Frankfurt 1967.

Die Beziehungen der Deutschen Bank zum heutigen Konzern Mercedes-Benz gehen, wie bereits beschrieben wurde, auf die Vorläufer der Bank in Mannheim zu Benz & Cie. und in Stuttgart zur Daimler-Motoren-Gesellschaft zurück. Bei der Interessengemeinschaft, die die beiden Automobilhersteller 1924 eingingen, und bei ihrer Fusion zu Daimler-Benz spielte die Deutsche Bank bereits eine entscheidende Rolle. Ab dieser Zeit bis ins Jahr 2007 stellte die Deutsche Bank den Aufsichtsratsvorsitzenden des Unternehmens und war meist mit mindestens einem weiteren Vorstandsmitglied in dem Kontrollgremium vertreten.

Neben der Vertretung im Aufsichtsrat hielt die Bank bis in die frühen Nachkriegsjahre nur einen relativ kleinen Eigenbestand an Daimler-Benz-Aktien. Als 1952 systematische Käufe der Aktien des Autobauers beobachtet wurden, die, wie sich bald herausstellte, von Friedrich Flick vorgenommen wurden, begann die Bank in Abstimmung mit Daimler-Benz, ein größeres eigenes Aktienpaket als Gegengewicht aufzubauen, das sich im Mai 1955 auf nominal 7,936 Millionen DM belief. In den kurz darauf einsetzenden Verhandlungen mit Flick bezeichnete die Bank diesen Anteil als ihren „traditionellen Besitz von reichlich 10 % des Gesellschaftskapitals"[24]. Da diese Position nicht ausreichte, um den Einfluss Flicks auf Daimler-Benz einzudämmen, wurde ein Kompromiss erzielt. Flick wurde zugestanden, sein Paket durch weitere Börsenkäufe auf die steuerlich privilegierte Schachtelgröße von 25 Prozent zu ergänzen. Zugleich räumte er der Bank ein Vorkaufsrecht ein, sollte er sich von seinen Aktien trennen wollen. 1958 stockte die Deutsche Bank ihren Eigenbesitz an Daimler-Benz ebenfalls auf die Größe einer „Schachtel" von über 25 Prozent auf.

Zwei Jahrzehnte später kam es zu der Situation, dass die Friedrich Flick KG einen Anteil von 29 Prozent an Daimler-Benz verkaufen wollte. Ein vermeintlicher Verkauf ins Ausland konnte vermieden werden, indem die Deutsche Bank im Einvernehmen mit Daimler-Benz und der Bundesregierung das Flick-Paket übernahm. Um die Aktien beim privaten Publikum und bei institutionellen Anlegern wie der Allianz, Bosch, der Dresdner Bank und Commerzbank zu platzieren, wurde die Mercedes-Automobil-Holding AG (MAH) gegründet. Die Holding übernahm 25,23 Prozent von Daimler-Benz. Die Aktien der Holding wurden an die genannten institutionellen Anleger weitergegeben und an der Börse gestreut. Ein weiteres, bei Flick verbliebenes Daimler-Paket von 10 Prozent des Aktienkapitals wurde Ende 1985 durch ein von der Deutschen Bank geführtes Konsortium breit platziert.

Ende 1993 wurde die Mercedes Aktiengesellschaft Holding AG auf die Daimler-Benz AG verschmolzen, die Aktien im Verhältnis der Nennbeträge 1 : 1 umgetauscht. Ab der Erstzeichnung der MAH-Aktien Anfang 1976 bis zum Ende des Geschäftsjahres 1992/93 betrug der Wertzuwachs 536 Prozent.

Durch die Fusion von Daimler-Benz und der Chrysler Corporation zu Daimler-Chrysler Ende 1998 sank der Anteil der Deutschen Bank am Aktienkapital auf 12,2 Prozent. In den folgen-

Bei der Hauptversammlung von Daimler-Benz 1973 waren mit Hermann J. Abs (Ehrenvorsitzender), Franz Heinrich Ulrich (Vorsitzender) und Wilfried Guth (Mitglied) ein früherer, ein amtierender und ein späterer Vorstandssprecher der Deutschen Bank im Aufsichtsrat des Automobilbauers vertreten.

den Jahren trennte sich die Deutsche Bank von ihren Industriebeteiligungen, darunter auch den Aktien des ab 2007 als Daimler AG und heute als Mercedes-Benz Group firmierenden Konzerns, um sich auf das Bankgeschäft zu konzentrieren. 2007 endete eine über achtzigjährige Ära, in der mit Emil Georg von Stauß, Hans Rummel, Hermann J. Abs, Franz Heinrich Ulrich, Wilfried Guth, Alfred Herrhausen und zuletzt Hilmar Kopper ununterbrochen Vertreter der Deutschen Bank an der Spitze des Aufsichtsrats des Stuttgarter Fahrzeugbauers standen.

Vertragsunterzeichnung für Exportkredite für das brasilianisch-paraguayische Wasserkraftwerk Itaipú am 19. Februar 1979 in Frankfurt. Der Mannheimer Generatorenhersteller Brown, Boveri & Cie führte die deutschen Lieferanten, deren Bezahlung die Kredite dienten, an.

Trotz der wachsenden Konkurrenz konnte sich die Deutsche Bank im Geschäft mit Firmenkunden gut behaupten. Sowohl die Anzahl der Kunden als auch Volumina und Provisionserträge nahmen von Jahr zu Jahr zu. Die langjährige Pflege der Kundenverbindungen und deren systematische, marktorientierte Weiterentwicklung waren Voraussetzungen dafür. Mit Blick auf die sich internationalisierenden Märkte galt es, den wachsenden Ansprüchen der unterschiedlichen Unternehmensgruppen gerecht zu werden. Die Bankorganisation und die Kundenbetreuer waren gefordert, bedarfsgerechte Produkte und Dienstleistungen zu entwickeln. Hierbei ging es nicht nur um Bankdienstleistungen im engeren Sinne, sondern immer mehr auch um das unaufgeforderte Anbieten zusätzlicher Leistungen, die häufig über das traditionelle Bankgeschäft hinausreichten. Ziel war, sich von der Konkurrenz abzugrenzen und dem reinen Kampf um Konditionen möglichst auszuweichen.

Viele dieser Beratungsleistungen wurden speziell für mittelständische Unternehmen entwickelt, die zur Unterstützung unternehmerischer Entscheidungen nicht auf eigene Stabsabteilungen zurückgreifen können. Die Anforderungen gerade des Mittelstands – dem die überwiegende Zahl der Firmenkunden der Deutschen Bank angehört – an die Banken haben sich in den letzten Jahrzehnten nachhaltig verändert. Mittelständische Unternehmen begannen, weit mehr als nur standardisierte Dienstleistungen zu erwarten. Kompetenz im Auslandsbereich und bei innovativen Finanzierungsprodukten, im Zahlungsverkehr und bei der Beteiligungsfinanzierung wurde als selbstverständlich vorausgesetzt.

1978 wurde mit einem deutschen Lieferkonsortium ein Vertrag über die Lieferung von 18 Turbinen-Generatoren-Einheiten der Firmen Brown, Boveri & Cie in Mannheim, Siemens in Berlin und München und J. M. Voith in Heidenheim für das brasilianisch-paraguayische Gemeinschaftskraftwerk Itaipú, das nach Fertigstellung das damals größte Wasserkraftwerk der Welt war, abgeschlossen. Der Auftragswert belief sich auf rund 450 Millionen DM. Die Transport- und Versicherungskosten hierfür betrugen allein 25 Millionen DM. 85 Prozent des deutschen Lieferanteils wurden unter einem Hermes-gedeckten Kredit je zur Hälfte durch Finanzkredite der Kreditanstalt für Wiederaufbau und einem Bankenkonsortium finanziert. An dem Konsortium waren 20 deutsche Banken unter Federführung der Deutschen Bank Filiale Mannheim beteiligt.

Bemerkenswert ist auch, dass das größte Akkreditiv, das die Deutsche Bank bis dahin getätigt hatte, unter Beteiligung der Filiale Mannheim zustande kam. Dabei handelte es sich um das Dampfkraftwerk mit Meerwasser-Entsalzungsanlage Al-Tawelah im arabischen Emirat Abu Dhabi. Auch hier zählte Brown, Boveri & Cie zu den wichtigsten Lieferanten. Das Akkreditiv über insgesamt 2,3 Milliarden DM wurde

in mehreren Hundert Teilinanspruchnahmen ausgenutzt und 2003 endgültig abgeschlossen.

Ende der 1980er-Jahre zeichnete sich ab, dass die Deutsche Bank mit ihrem Geschäftsmodell der traditionellen deutschen Universalbank an Grenzen stieß. Im Inland herrschte ein scharfer Wettbewerb, der sowohl im Firmen- als auch im Privatkundengeschäft kaum Wachstum zuließ. Noch gravierender war, dass die Bank im globalen Maßstab den Anschluss an die Entwicklung des sich rasch wandelnden Investment Banking zu verlieren drohte. Sie musste feststellen, dass die großen Industriekunden der Bank verstärkt Dienstleistungen und Produkte großer angloamerikanischer Investmentbanken in Anspruch nahmen, um globale Märkte zu erschließen. Eine allmähliche Anpassung an diesen Wandel erschien kaum möglich, da in Deutschland entsprechend qualifizierte Fachkräfte fehlten und internationale Experten sich nur ungern einer als unbeweglich geltenden deutschen Bank anschließen wollten. Wollte man im globalen Bankensystem und insbesondere im Investment Banking eine bedeutende Rolle spielen, blieb nur der Weg, ein in diesem Geschäftsfeld tätiges Institut oder ganze Teams von internationalen Banken zu akquirieren.

Die Übernahme der britischen Bank Morgan Grenfell im Jahr 1989 war die Konsequenz dieser Überlegungen. Auf dieser Grundlage wurde 1994/95 eine von London aus geführte integrierte Investmentbank unter dem Namen „Deutsche Morgan Grenfell" geschaffen, womit die Bank zur führenden Investmentbank in Europa werden und weltweit zu den ersten Adressen aufrücken wollte.

Diese Veränderungen wirkten sich auch auf das Geschäft der Niederlassungen in Deutschland aus. Dazu gehörte etwa, dass der Devisenhandel in den Filialen aufgegeben wurde. Auch Mannheim verlor Ende 1997 mit der Zentralisierung des Investment Banking der Deutschen Bank eine langjährige Ertragsstütze, den Rentenhandel. Bis zu diesem Zeitpunkt hatte die Filiale Mannheim im Handel mit festverzinslichen Wertpapieren jahrzehntelang eine herausragende Position eingenommen. Zum Kundenkreis gehörten Anleger aus fast allen europäischen, aber auch aus außereuropäischen Ländern. Wie die Mitarbeiterzeitschrift der Deutschen Bank 1971 hervorhob, gehörte die Mannheimer Filiale zu den größten Umschlagplätzen im Handel von festverzinslichen Wertpapieren und hatte auch internationale Bedeutung erlangt. Jeder in der Deutschen Bank wisse daher: „In Kapitalmarktfragen nie verzagen, Deutsche Bank Mannheim fragen!"[25] Über eine – so ein Pressebericht – „selbstausgeklügelte Telefonanlage" gingen die Drähte in die ganze Welt, nach New York ebenso wie nach London oder Tokio.

Während 1960 Rentenwerte mit 1,5 Milliarden DM umgesetzt wurden, waren es 1990 fast 90 Milliarden DM. Mit zu diesem Zuwachs trug auch der 1968 aufgenommene Handel in D-Mark-Auslandsanleihen bei, in dem Mannheim eine führende Rolle einnahm. Darüber hinaus verwaltete die Filiale mehrere Investmentfonds. Im Eigenhandel war sie gleichfalls erfolgreich; in guten Jahren war der Beitrag zum Ergebnis der Filiale sehr bedeutsam. Von 1968 bis 1991 war der Mannheimer Filialdirektor Karlheinz Reiter für das erfolgreiche Wertpapiergeschäft verantwortlich.

Heute bilden Unternehmen mit einer ausgeprägten europäischen oder sogar globalen Geschäftsausrichtung einen Schwerpunkt des Firmenkundengeschäfts. Diese Unternehmen haben im Unterschied zu kleineren, vorwiegend regional arbeitenden Firmen vielfach einen zunehmenden Bedarf an Produkten des Investment Banking. Die Geschäftsbeziehungen zu den Firmenkunden sind naturgemäß komplex, über Kontinente hinweg steht ihnen die Bank mit ihrem gesamten Leistungsspektrum zur Verfügung – dabei reicht die Entscheidungstiefe vom Tagesgeschäft bis hin zu strategischen Fragen. In der Kombination regionaler Kundennähe mit dem Wissen und Können einer globalen Hausbank liegt eine besondere Stärke der Deutschen Bank im Südwesten.

5. Die Filialbank im Strukturwandel

Die Filialstruktur der Deutschen Bank im Inland, die weitgehend noch auf die Dezentralisierung der ersten Nachkriegsjahre und den Wiederzusammenschluss des Instituts von 1957 zurückging, hatte fast zwei Jahrzehnte Bestand. Mit dem Ziel, starke Hauptfilialen mit qualifizierten Fachabteilungen zu schaffen, beschloss der Vorstand der Bank 1974 eine neue Struktur, die 1975 eingeführt wurde. Die Zahl der Hauptfilialen – diese waren jeweils für einen Filialbezirk verantwortlich und hatten Weisungsrecht gegenüber ihren nachgeordneten Filialen und Zweigstellen – wurde von bisher 23 auf 14 reduziert. Die Hauptfilialen waren kleine, selbständig bilanzierende Zentralen mit eigenen Abteilungen für Auslands- und Kreditgeschäft, für Personal, Organisation, Recht und Volkswirtschaft. Ihre Leiter hatten eine vorstandsähnliche Position inne. Über ihnen stand nur das für die Region zuständige Vorstandsmitglied. Alle wichtigen Fragen – vom Organisatorischen bis hin zur Betreuung der großen ortsansässigen Kunden – konnten die Filialleiter mit ihren Vorstandsdezernenten besprechen. Zuständig für den Bezirk Stuttgart waren ab den 1950er-Jahren die Vorstandsmitglieder

Hermann J. Abs (1952–1955), Robert Frowein (1955–1959), Hans Feith (1959–1971), Robert Ehret (1971–1976), Klaus Mertin (1976–1988) sowie Rolf-E. Breuer (1988–1997). Die Zuständigkeit für Mannheim lag bei Hans Feith (1959–1976), Robert Ehret (1976–1985) und Ulrich Weiss (1985–1997). Der Filialbezirk Freiburg wurde von Ulrich Weiss (1979–1981), Werner Blessing (1981–1987), Michael Endres (1987–1991) und Ronaldo Schmitz (1991–1996) betreut.

Diese Organisationsstruktur hatte ab den 1970er-Jahren für rund zwei Jahrzehnte Bestand. Lediglich Anfang der 1990er-Jahre, als die Deutsche Bank in den neuen Bundesländern Fuß fasste, kamen mit Berlin und Leipzig zwei neue Hauptfilialen mit relativ großen Bezirken hinzu.

Doch bereits ab Ende der 1980er-Jahre war die zukünftige Organisationsstruktur der Deutschen Bank eine zentrale Frage ihrer strategischen Planung. Die bisherige Filialstruktur geriet zunehmend an betriebswirtschaftliche Grenzen, denn sie benötigte viel Personal und wurde den Bedürfnissen der Kunden immer weniger gerecht. Die Kunden waren nicht mehr auf Deutschland konzentrierte Mittel- und Großunternehmen mit einem hohen Exportanteil, sondern sie agierten weltweit unternehmerisch mit immer größer werdenden Produktionseinrichtungen und selbständigen Niederlassungen im Ausland. Die Produkte für diese Kunden wurden immer komplexer und benötigten die Beratung durch Experten, die häufig regional nicht verfügbar waren. Die Betreuerinnen und Betreuer der Firmenkunden in Stuttgart, Mannheim und Freiburg benötigten zunehmend die Unterstützung von Fachleuten in New York, Hongkong, Singapur oder London, um auf die Bedürfnisse großer Kunden angemessen reagieren zu können. Investmentbanken aus dem angloamerikanischen Raum drohten, sonst dieses Terrain zu besetzen. Auf diese veränderte Nachfrage wollte die Bank reagieren, indem sie ihre Organisationsstruktur von einer regionalen auf eine nach Geschäftsbereichen gegliederte Präferenz umstellte.

Um die Strukturreform der Bank wurde Ende der 1980er-Jahre lange und intensiv gerungen. Erst Ende 1990 konnten zumindest die Geschäftsbereiche der Inlandsbank in zwei Unternehmensbereiche neu gegliedert werden: Privatkunden und Firmenkunden/Institutionen. Ein dritter Unternehmensbereich – Ressourcen & Controlling – übernahm diese Funktionen für die Gesamtbank.

Ende 1996 wurde eine neue Regionalstruktur der Filialbank im Inland eingeführt. Viele Verwaltungsfunktionen der Hauptfilialen wie etwa Personal wurden nun zentralisiert, die bisherigen 16 Hauptfilialen in acht Regionen zusammengefasst. Diese orientierten sich wesentlich stärker an Strukturdaten der einzelnen Geschäftsbereiche.

Dabei kam es jetzt zu neuen Gebietsaufteilungen, die für Privat- und Geschäftskunden einerseits und für Firmenkunden andererseits gänzlich unterschiedlich zugeschnitten sein konnten. Neben den bereits in den neuen Ländern bestehenden Regionen Nordost (Berlin und Rostock) und Ost (Leipzig und Dresden) kamen in den alten Bundesländern die Regionen Nord (mit Hauptfilialen in Hamburg, Hannover, Bremen und Lübeck), Nordwest (Düsseldorf, Essen, Bielefeld), West (Köln, Wuppertal), Mitte (Frankfurt am Main, Mainz, Saarbrücken), Süd (München, Nürnberg) und Südwest (Mannheim, Stuttgart, Freiburg) hinzu. Die Plätze Hamburg, Berlin, Düsseldorf, Köln, Frankfurt am Main, Leipzig, München und Stuttgart erhielten als wirtschaftliche Schwerpunkte der Regionen eine hervorgehobene Position in der neuen Organisationsstruktur der Deutschen Bank.

Der Begriff „Hauptfiliale" blieb bestehen, doch er erhielt einen neuen Inhalt. Dort wurden die Konzerndienste und damit das Know-how und

Herbert Zapp (3. v. l.) beim Interview in der Kundenhalle der Filiale Mannheim. Zapp, der dem Vorstand der Deutschen Bank von 1977 bis 1994 angehörte, war zuvor von 1965 bis 1972 Mitglied der Geschäftsleitung der Filiale Mannheim gewesen.

die Servicefunktionen für die jeweilige Region angesiedelt. Unverändert blieben Hauptfilialen große Niederlassungen an einem Wirtschaftsstandort mit bedeutendem Marktpotenzial.

Durch die Neugliederung wurde die Filiale Stuttgart gestärkt; sie erhielt als wirtschaftlicher Schwerpunkt der Region die Zuständigkeit für Mannheim und Freiburg. Darin spiegelt sich eine Entwicklung, die den traditionellen badischen Bankplätzen in den vergangenen Jahren einiges von ihrer früheren Bedeutung gekostet hat – immerhin waren nach dem Zweiten Weltkrieg mit Walter Tron, Hans Feith, Robert

Ehret, Herbert Zapp und Michael Endres fünf Vorstandsmitglieder der Deutschen Bank aus der Reihe der Mannheimer Filialdirektoren hervorgegangen. Die Regionalbetreuung Inland im Bezirk Südwest fiel von 1997 bis 1998 in den Zuständigkeitsbereich von Ulrich Weiss; anschließend war Josef Ackermann für diese Region im Vorstand verantwortlich.

In den früheren 2000er-Jahren kam es zwischenzeitlich zu mehreren Aufteilungen der Marktregionen innerhalb Deutschlands, die sich sogar nach Geschäftssparten etwa im Privatkunden- oder Firmenkundengeschäft

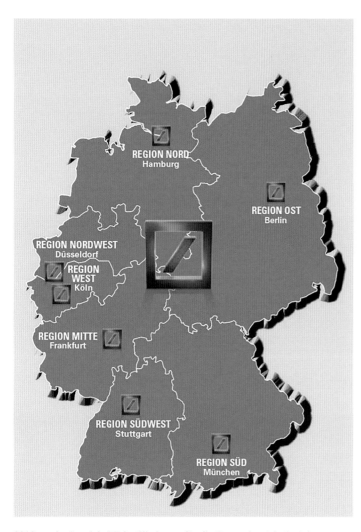

2016 wurde eine einheitliche Gliederung für alle Konzernbereiche in sieben Geschäftsregionen eingeführt. Die Region Südwest entsprach nun dem Territorium von Baden-Württemberg.

geografisch voneinander unterschieden. Die Betreuung der Kunden in Baden-Württemberg verteilte sich auf zwei Inlandsregionen. Baden gehörte der von Andreas Torner aus Frankfurt am Main geführten Region Mitte an, während Württemberg Teil der Region Süd unter der Leitung von Ulrich Schürenkrämer war und aus München betreut wurde.

Eine Anfang 2016 über alle Geschäftsbereiche hinweg eingeführte Regionalstruktur erlaubte ein einfacheres und effizienteres Agieren. Sie gliederte sich in sieben Geschäftsregionen. Die Region Südwest war nun deckungsgleich mit dem Bundesland Baden-Württemberg. Zum ersten Sprecher der Geschäftsleitung der Region Südwest wurde Andreas Torner ernannt, der von Frankfurt am Main nach Stuttgart wechselte. Seine Aufgabe war, als „Gesicht der Bank" ihr Bild in der Öffentlichkeit mitzuprägen und zur Verbesserung der Markenwahrnehmung und der Reputation beizutragen. Als er 2021 die Bank verließ, wurde Carmen Mittler zur Sprecherin der Regionalen Geschäftsleitung Südwest ernannt, der sie bereits seit 2009 als Mitglied angehörte. Sie war zuvor bereits drei Jahrzehnte in verschiedenen Rollen für die Deutsche Bank tätig.

Eine weitere Straffung des Inlandsgeschäfts der Deutschen Bank wurde zuletzt Mitte Oktober 2023 vollzogen, um alle Kunden über alle Geschäftsbereiche und Marken hinweg ganzheitlich abzudecken und einheitlich zu führen. Das Ergebnis sind vier Regionen in Deutschland: Nord mit Hauptsitz in Hamburg, Ost mit Hauptsitz in Berlin, West mit den Hauptsitzen Düsseldorf und Köln und Region Süd unter der Co-Leitung von Carmen Mittler in Stuttgart und Bernd Sauter in München.

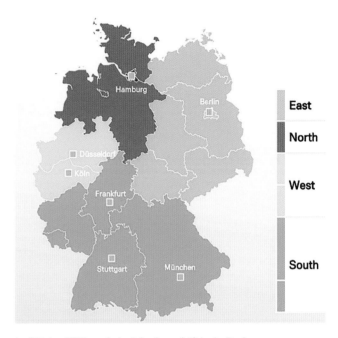

Im Oktober 2023 wurde das Inlandsgeschäft in vier Regionen gegliedert. Baden-Württemberg ist Teil der Region Süd.

sechs

Ausblick
der Geschäftsleitung

„Im Südwesten daheim, in der Welt zu Hause"

Unter diesem Motto feiert die Deutsche Bank im Südwesten im Jahr 2024 ihr einhundertjähriges Bestehen. Und vielleicht galt dieser Satz noch nie so sehr wie in diesen Tagen, in denen die Deutsche Bank als die Globale Hausbank ihre Kundschaft rund um die Welt begleitet und an über sechzig internationalen Standorten unterstützt.

Zugleich knüpft die Deutsche Bank damit nahtlos und konsequent an ihre eigenen Wurzeln an. Schon in den Statuten zur Gründung der Bank 1870 in Berlin war es ausgewiesenes Ziel, die aufstrebende deutsche Industrie bei ihrer Expansion ins Ausland zu unterstützen. Der Zeitpunkt hätte nicht besser gewählt sein können. Denn schon ein Jahr später sorgte die Reichseinigung dafür, dass das zuvor in Kleinstaaten zerstückelte Deutschland den wirtschaftlichen Anschluss an die Nachbarn Großbritannien und Frankreich herstellen konnte. Eine Phase, die wir heute als Gründerzeit bezeichnen.

Es passt ins Bild, dass die Deutsche Bank ihre ersten Filialen an den Außenhandelsplätzen Bremen und Hamburg, in Ostasien in Yokohama und Shanghai und am damals führenden Finanzplatz der Welt in London eröffnete. Dieser Tradition fühlt sich die Deutsche Bank bis heute verbunden.

Im Südwesten ist die Deutsche Bank seit Dezember 1924 mit eigenen Filialen vertreten. Über Vorgängerbanken reicht ihre Geschichte jedoch wesentlich weiter zurück: Die bedeutendste Rechtsvorgängerin in Württemberg war die 1869 gegründete Württembergische Vereinsbank. Sie gehörte neben der Königlich Württembergischen Hofbank (gegründet 1802 als M. & J. Kaulla) und dem Bankhaus G.H. Keller's Söhne (gegründet 1747) zu den drei Stuttgarter Banken, die die Deutsche Bank im Jahr 1870 mitbegründeten.

Aus dieser Zeit stammen auch die ältesten Geschäftsbeziehungen, die bis heute bestehen. Sie verdeutlichen, wie wichtig gerade für Unternehmenskunden das Prinzip der Globalen Hausbank ist – damals wie jetzt. Als Beispiele mögen zwei Weltunternehmen dienen, an deren Gründung und Finanzierung die Deutsche Bank beteiligt war: die BASF und der Fahrzeughersteller Carl Benz in Mannheim, der dann 1926 unter maßgeblicher Mitwirkung der Deutschen Bank zur Daimler-Benz AG fusionierte, der heutigen Mercedes-Benz Group AG.

Der Südwesten, das ist heute in erster Linie Baden-Württemberg, liebevoll „'s Ländle" oder neuerdings auch „The Länd" genannt. Karge Böden und wenige Rohstoffe haben schon immer dazu geführt, dass die Menschen hier

Sitz der Regionalen Geschäftsleitung in der Theodor-Heuss-Straße 3 in Stuttgart.

besonders kreativ sein und hart arbeiten mussten. Nicht von ungefähr war der Schwarzwald die Keimzelle der feinmechanischen Industrie und des Uhrenbaus. Früher hieß es „Schaffe, schaffe, Häusle baue", heute setzen wir uns engagiert zuhause und in der Welt aus tiefer Überzeugung für den langfristigen Erfolg und die finanzielle Sicherheit unserer Kunden ein.

Mittlerweile ist Baden-Württemberg auf dem ersten Platz in Deutschland, wenn es um die jährlich eingereichten Patente geht, und unter den besten drei bei Bruttoinlandsprodukt und Export. Die Deutsche Bank dient dabei als wichtiger Partner für die Wirtschaft in der Region.

Dabei ist häufig nicht nur das Unternehmen unser Kunde – sondern auch die Unternehmerin oder der Unternehmer. Gerade im Geschäft mit dem Mittelstand gehört das Zusammenspiel von privaten und betrieblichen Belangen zur Kern- und Königsdisziplin der Kundenberatung. Darunter fallen auch aktuelle Themen wie nachhaltige Vermögensbildung (ESG-Anlagen) oder „Female Finance", ein Ansatz, bei dem wir Frauen intensiver als zuvor beraten, ihre finanzielle Anlage- und Zukunftsplanung selbst in die Hand zu nehmen. Außerdem besteht sehr große Nachfrage im Bereich „Vermögen für Generationen", wo wir bei den Themen Erben, Verschenken und Stiftungen individuell auf die verschiedensten Wünsche eingehen können.

In 40 Filialen stehen 2.300 Mitarbeitende bereit, alle Fragen rund ums Geld mit Leidenschaft und Kompetenz zu beantworten – sei es beim Gespräch in der Filiale, per Telefon, Video oder Online. Es ist unser Anspruch, eine Omnikanalbank zu sein: Wir bieten den Zugangsweg an, den die Kundin oder der Kunde jeweils bevorzugt.

Nicht nur die Technik hat das Berufsbild des Bankers in den zurückliegenden Jahren stark verändert. Auch die Bedürfnisse und Lebensumstände unserer Kundschaft wandeln sich – und erfordern kompetenten Rat auf der Höhe der Zeit. Die Finanzbranche bleibt deshalb für Talente spannend und dynamisch und bietet ihnen viele Chancen. Wir freuen uns, dass wir weiterhin jedes Jahr viele Auszubildende, dual Studierende und Trainees für die Deutsche Bank begeistern können.

Die Deutsche Bank übernimmt aber nicht nur Verantwortung für Kundschaft und Beschäftigte. Als Unternehmen ist sie Teil der Gesellschaft und nimmt diese Rolle aktiv an und wahr. Wir engagieren uns gern und selbstverständlich für die Gemeinschaft, für Menschen und Institutionen in unserer Umgebung. Unsere Kolleginnen und Kollegen bringen sich regelmäßig in soziale Projekte in der Region Südwest ein – sei es beim Bäume pflanzen, in Alten- und Pflegeheimen, durch das Vermitteln von finanzieller Allgemeinbildung in weiterführenden Schulen

Die Regionale Geschäftsleitung im Südwesten im Jubiläumsjahr v.l.: Dr. Anke Sahlén, Stefan Bauz, Kim Gmeinder, Markus Rammes (sitzend) und Carmen Mittler.

oder beim Mitgestalten von Innenräumen in Kindergärten. Dabei ist die Bank so vielfältig und bunt wie die Gesellschaft, in der sie täglich agiert und sich bewegt.

Gestartet vor 150 Jahren, damals sozusagen als Fintech-Startup für die heimische Industrie, ist die Deutsche Bank heute Unternehmensbürger und Bank für Wirtschaft und Privatpersonen gleichermaßen. In dieser Rolle hat sie an der Erfolgsgeschichte des Südwestens maßgeblich mitgeschrieben. Daran wollen wir auch in Zukunft anknüpfen.

Stuttgart im Dezember 2024

Anmerkungen

1 Frankfurter Zeitung, 26.5.1920, Abendblatt.

2 Niederschrift über die 1. Sitzung der Kommission zur Erörterung der Frage eines engeren Anschlusses der Württembergischen Vereinsbank an die Deutsche Bank 3.5.1920, S. 3 f., HADB, S4137.

3 Felix Somary, Erinnerungen aus meinem Leben, zitiert nach: db-aktuell, Nr. 31, 1971, S. 11.

4 Neue Mannheimer Zeitung, 27.9.1929.

5 Statuten § 15, zitiert nach Arthur Loewenstein, Geschichte des Württembergischen Kreditbankwesens und seiner Beziehungen zu Handel und Industrie, Tübingen 1912, S. 91.

6 Berliner Börsen-Zeitung, 24.4.1879, Nr. 190, Abendausgabe.

7 Hermann Wallich, Aus meinem Leben, in: Zwei Generationen im deutschen Bankwesen 1833–1914, Frankfurt am Main 1978, S. 127 f.

8 Aktennotiz von Arthur v. Gwinner, 31.12.1905, HADB, S4141.

9 Württembergische Vereinsbank, Rechenschafts-Bericht über die ersten 25 Jahre, 1869–1893, o. O. 1894, S. 27; identischer Nachdruck in Kilian Steiner, Zur Geschichte der Württembergischen Vereinsbank, 1869–1893, in: Schmollers Jahrbuch, 29. Jg., 1905, S. 95–139.

10 Steiner an Siemens, 7.6.1888, HADB, Or 5.

11 Arthur Loewenstein, Geschichte des Württembergischen Kreditbankwesens und seiner Beziehungen zu Handel und Industrie, Tübingen 1912, S. 185.

12 Konzentration in der süddeutschen Bankwelt, in: Frankfurter Zeitung, 23.5.1911, Erstes Morgenblatt.

13 Aktennotiz von Carl Michalowsky, 10.11.1914, HADB, S4008.

14 Aktennotiz von Carl Michalowsky, 28.11.1924, HADB, S4008.

15 Carl Michalowsky an Carl Jahr, 18.8.1927, HADB, S4004.

16 Deutsche Bank Filiale Freiburg, Aktennotiz, 18.7.1938, HADB, F33/377.

17 Dieser Fall wurde erstmals beschrieben in: Harold James, Die Deutsche Bank im Dritten Reich, München 2003, S. 203 ff.

18 HADB, F28/7.

19 Sitzung des Arbeitsausschusses des Aufsichtsrats der Deutschen Bank, 4.11.1943, HADB, P31, Bl. 38.

20 Zitiert nach Einhorn Jahrbuch Schwäbisch Gmünd 1980.

21 Karl Dörr an Hans Rummel, HADB, P24328.

22 Bericht zu den Jahresabschlüssen II/1948–49 bis 1951 der Südwestbank, Stuttgart, 20.9.1952, HADB, ZA2/68.

23 Deutsche Bank, Frankfurt am Main, Sonderrundschreiben 3/59, 14.4.1959, HADB, ZA4/234.

24 Vermerk Hermann J. Abs, 29.7.1968 betr. Daimler-Benz, HADB, V1/4867.

25 Der Filialbereich Mannheim, db-aktuell, Nr. 31, 1971, S. 11.

Bildnachweis

AdobeStock: Titelbild, 8–9, 116–117, 134–135

Deutsche Bank AG: 6, 169, 171

Deutsche Bank AG, Historisches Institut: 10–12, 14–15, 17, 18, 22–25, 37, 41, 50–51, 55, 56, 60, 63, 68–70, 74–77, 79, 86–87, 90, 94–95, 97, 99, 104, 106–107, 109, 111, 114, 118, 120, 122–126, 128, 131, 132, 137–140, 142–145, 147–148, 150, 152–153, 155–157, 158, 163–165

Die deutsche Industrie. Festgabe zum 25jährigen Regierungs-Jubiläum seiner Majestät des Kaisers und Königs Wilhelm II. Dargebracht von Industriellen Deutschlands, Berlin 1913: 46

Deutsche Wohnkunst, 1917: 61–62

DMG 1890 – 1915. Zum 25jährigen Bestehen der Daimler-Motoren-Gesellschaft Untertürkheim, Stuttgart 1915: 19

Die Entwicklung des Bankwesens im deutschen Oberrheingebiet. Zur 100. Wiederkehr des Gründungstages der Rheinischen Creditbank Mannheim, Mannheim 1970: 73, 78

Fünfzig Jahre Bosch 1886 – 1936, Stuttgart 1936: 44

https://commons.wikimedia.org/wiki/File:Gebr%C3%BCder_Junghans_1900.jpg: 20

https://commons.wikimedia.org/wiki/File:Carl_Ladenburg_(nach_1900).jpg: 72

https://commons.wikimedia.org/wiki/File:Badische_Bank_350_Gd_1871.jpg: 85

https://de.wikipedia.org/wiki/Kilian_von_Steiner#/media/Datei:Kilian-steiner.jpg: 33

https://de.wikipedia.org/wiki/Alexander_von_Pflaum#/media/Datei:Alexander_Pflaum_(1839–1911),_2.jpg: 39

https://de.wikipedia.org/wiki/S%C3%BCdwestdeutsche_Salzwerke#/media/Datei:Salzwerk_Heilbronn_1000_Mk_1922.jpg: 43

https://rlp.museum-digital.de/object/8787: 66

https://www.yadvashem.org/yv/de/exhibitions/novemberpogromnacht/images/baden-baden/136CO9.jpg: 96

iStock: 28–29, 80–81, 166–167

Heinrich Lanz. Fünfzig Jahre des Wirkens in Landwirtschaft und Industrie 1859–1909, Berlin 1909: 67

Anna-Maria Lindemann, Mannheim im Kaiserreich, Mannheim 1988: 57

MARCHIUM, Mannheim: 27, 58 (links), 113, 130

Mercedes-Benz Classic: 21

G. Pauli & Cie [Johann Caspar Bluntschli]. Heidelberg: G. Pauli & Cie., [circa 1870]. Zentralbibliothek Zürich, Bluntschli, Johann Caspar I,8_3 https://doi.org/10.7891/e-manuscripta-47296 / Public Domain Mark: 58 (rechts)

Picture Alliance: 83

Schwäbische Eisenbahn. Bilder von der Königlich Württembergischen Staatseisenbahn, Tübingen 1989: 47

Stadtarchiv Heidelberg: 127

Stadtarchiv Ludwigshafen: 65

Stadtarchiv Stuttgart: 34

Ullstein Bild: 30–31

1. Auflage 2024
© Verlag Herder GmbH, Freiburg im Breisgau
Alle Rechte vorbehalten
www.herder.de

Herausgeber: Historische Gesellschaft der Deutschen Bank e.V.
Gestaltung des Titels und der Kapitelaufschlagseiten:
neumanns Kommunikation, Frankfurt am Main

Titelmotiv: AdobeStock

Satz: wunderlichundweigand, Schwäbisch Hall
Herstellung: PBtisk a.s.

Printed in Germany

ISBN: 978-3-451-39857-5